LA MORADA DE LOS DEMONIOS

Por qué Dios no actúa

Escrito por Dan R. Overfield

Copyright ©2021 Dan Overfield Todos los derechos reservados.

Ninguna parte de esta publicación podrá ser reproducida, distribuida o transmitida en cualquier forma o por cualquier medio, incluyendo fotocopias, grabaciones u otros métodos electrónicos o mecánicos, sin previo permiso por escrito del editor, salvo en el caso de citas breves incorporadas en revisiones y otros usos no comerciales permitidos por la ley de derechos de autor

978-1-8384287-2-3 (Libro de bolsillo)
978-1-8384287-4-7 (Libro electrónico)
978-1-8384287-3-0 (Tapa dura)

Impreso en los Estados Unidos de América

AEGA Design Publishing Ltd Kemp House, 160 City Road, Londres EC1V 2NX
Reino Unido
www.aegadesign.co.uk
info@aegadesign.co.uk

Dedicatoria

Este libro esta dedicado a Cristo Jesús nuestro glorioso Salvador, Redentor, Creador, Rey y Amigo. Este libro también está dedicado a Su Padre Celestial, Yahvé el Soberano Señor Dios Todopoderoso.

Que mi testimonio y declaración en la forma de este libro sea agradable a sus ojos. Ruego su favor para estar en el.

Apocalipsis 4:11 Digno eres, oh, Señor, de recibir gloria, honra y poder; porque tu has creado todas las cosas, y por tu voluntad son y fueron creadas.

Apocalipsis 5:13 Y toda criatura que esta en el cielo y en la tierra, y que esta en el mar, y todo lo que esta en ellos, oí decir: Al que esta sentado en el trono, y al Cordero por los siglos de los siglos.

¡Amen!

Un Homenaje al Amor de los Niños

Oh, hermosos hijos míos
¿Quién pensó de su padre un príncipe tan bueno?
Solo para descubrir su armadura brillante toda manchada
Con pecados desconocidos escondidos bajo una capa de barniz
Oh hermosos hijos míos
Del descubrimiento por favor tengan cuidado
Porque en esta vida de pecado de carnicería dañada
Visiones del padre perfecto se desvanecen con el paso del tiempo
Oh, hermosos hijos míos
Los errores descubiertos pueden convertirse en una mina de oro si
dirigen sus corazones hacia el Dios del Cielo
Donde los tesoros de la gracia y el perdón son setenta veces siete
Oh, hermosos hijos míos
Mi súplica por ustedes en este mismo momento
Esas revelaciones de esperanzas decepcionadas
dirigen tus ojos hacia arriba
Para atraer vuestros corazones al perfecto Padre de Amor
Que el Señor del Amor arriba en el cielo te bendiga por honrar Este
padre imperfecto con el amor tierno incondicional de un niño
Oh, hermosos hijos míos

Por Dan R. Overfield

Tabla de Contenidos

Capítulo 1   11
Capítulo 2   14
Capítulo 3   21
Capítulo 4   25
Capítulo 5   34
Capítulo 6   41
Capítulo 7   47
Capítulo 8   55
Capítulo 9   64
Capítulo 10   75
Capítulo 11   84
Capítulo 12   93
Capítulo 13   102
Capítulo 14   112
Reconocimiento y Reseña   145

El prefacio y el propósito

El propósito de este libro es cuádruple.

Primero: Es para magnificar y traer gloria y honor a Mi Padre Celestial cuyo nombre he llegado a creer es Yahvé y a Su magnífico Hijo Jesucristo, *por las grandes cosas que ellos personalmente han hecho por mi.*

Segundo: Es revelar el proceso de sellamiento de Dios.

Mientras nuestro Padre Celestial retiene los vientos de lucha de las siete plagas mortales finales, Sus hijos (los seguidores de Su Hijo Jesucristo) son salvados y sellados por toda la eternidad en contraste con aquellos que reciben la marca de la bestia y están eternamente perdidos. Este sello se encuentra en los Diez Mandamientos que son la expresión de Su voluntad Divina.

Tercero: Es un intento de ayudar a aquellos que profesan ser seguidores de Jesucristo, a hacer una preparación de traducción mientras viajan a la Tierra Prometida Celestial y a la Ciudad Celestial.

Cuarto: Es traer esperanza a los desesperanzados y un intento de evitar que una tragedia innecesaria suceda a esos compañeros de viaje como me sucedió a mi.

Se ha dicho que si una persona puede aprender de las malas decisiones de otros el/ella no tendrá que cometer los mismos errores. Mi esperanza y oración es que, al hacerme vulnerable, al compartir con ustedes mis errores, deficiencias y debilidades entonces, tal vez, alguien podría salvarse del mismo tipo de tragedia personal que experimenté. Incluso si tu, el que ahora lee estas palabras, eres el único, entonces este esfuerzo y trabajo no habrá sido en vano.

Sin embargo, puede que ya te encuentres atrapado en un dilema trágico similar al cual me encontré yo entonces, tal vez, mi testimonio puede *traerte esperan, revelando la tierna misericordia de Dios, el cuidado y el poder maravilloso que te traerá más de una conquista.* Si nuestro amoroso Padre Celestial puede tomar mi vida, que fue un naufragio destrozado, lleno de miseria y por Su gracia, el amor y el poder hacer que valga la pena vivir esta vida de nuevo, llena de propósito y significado, entonces Él puede hacer lo mismo por ti.

Nota Adicional: Este pequeño libro no fue escrito en el estilo de una biografía ni se lee como una. No fue escrito para entretener, sino para animar y edificar. Esta escrito como si estuviera de pie ante ustedes y compartiendo con ustedes mi experiencia. Mi ferviente esperanza es que pruebe ser una bendición para ti.

La Introducción

Era un caluroso día de Verano en julio, 1991. Me desperté para encontrarme en una sala de urgencias con aire acondicionado y una aguja intravenosa insertada en mi brazo. Un extraño dispositivo conectado a mi dedo índice el cual, descubriría más tarde, después de salir de un coma profundo, que era un dispositivo para medir los niveles de oxígeno en mi sangre. También había un brazalete de presión arterial unido a mi otro brazo y un monitor de corazón con pequeños puntos verdes moviéndose a través de la pantalla. Cuando traté de moverme descubrí que lo que había unido a mi cuerpo impedía que mis brazos y piernas se movieran, ya que estaban atados a la barandilla de la cama. Entonces empecé a recordar lentamente lo que había sucedido. La noche anterior había intentado quitarme la vida, primero cortándome las muñecas, y luego con una sobredosis masiva de medicamentos recetados. Aquí estaba yo, un Cristiano profeso, un devoto y leal convertido al Señor Jesucristo. Creyendo que mi señor me protegería del daño y, ciertamente, no creyendo en el asesinato auto infligido. ¿Cómo llegué a un lugar así en mi vida?

Compartir la respuesta a esa pregunta, con el deseo de ayudar a alguien que se encuentra en una peligrosa situación que es mayor que ellos mismos, es la razón por la que estoy escribiendo este libro. Este libro no ha sido escrito para aquellos que sienten o piensan, espiritualmente hablando, que son ricos y están engrandecidos con bienes y no tienen necesidad de nada mientras están de pie ante el Señor de gloria. Está escrito para aquellos que, como yo, sienten y piensan que son pobres, ciegos y están desnudos mientras están de pie ante el Señor (Apocalipsis 3:14-18)

Lo que sigue es una narración de mi vida y el efecto que las Sagradas Escrituras han tenido sobre ella. Elijo hacerme vulnerable por el bien de Cristo. En mi testimonio ustedes verán a Cristo y Su justicia brillando a través de las grietas y fallas obvias de la vida destrozada de esta vasija terrenal.

Mi oración y esperanza es que este testimonio sea un instrumento en Su mano para exaltar y glorificar Su nombre testificando a ustedes, las grandes cosas que el Señor ha hecho por mi.

Capítulo 1

La Morada de los Demonios

APOCALIPSIS 18
"1 Después de estas cosas vi otro ángel que descendía del cielo con gran poder; y la tierra fue alumbrada con su gloria.

2 Y clamó con voz fuerte, diciendo: Babilonia ha caído, ha caído, y se ha convertido en la Morada de los Demonios, y la fortaleza de todo espíritu inmundo, y una jaula de toda ave inmunda y aborrecible."

A medida que empiezas a leer este pequeño libro, quizás te encuentres en una situación similar a la mía. Luchando por entender por que hay tanto dolor y sufrimiento a tu alrededor. ¿Necesito decir más sobre el 9/11 o la guerra global contra el terrorismo? Incluso mientras estoy acomodando mis ideas y dando formato a este manuscrito, un desastre de proporciones bíblicas ha golpeado la costa asiática. Más de 150.000 personas han muerto y miles han desaparecido y aún siguen contando. Este desastre fue causado por el tsunami más grande de la historia. Ahora, los Estados Unidos ha experimentado otro desastre personal con el huracán Katrina que ha destruido la mayor parte de la costa del Golfo y la ciudad de Nueva Orleans, Luisiana. Actualmente tenemos disturbios, saqueos, violencia e incluso asesinatos a una escala alarmante en nuestros policías y ciudadanos.

Tal vez te encuentres atrapado en un vórtice con tu dolor personal, problemas, agonía y sufrimiento. O tal vez te encuentras, incluso, en la desesperación de la vida misma cuando todo lo que realmente quieres es ser feliz y disfrutar de los placeres simples de la vida.

Talvez has tratado de encontrar alivio para tu mente perturbada, el dolor de corazón, y sufriendo por consultarlo con otras personas. Después de todo, alguien debería tener la respuesta a este negocio del bien y del mal, ¿cierto?

Tal vez has considerado hacer o has hecho terapia profesional, o has participado en un grupo de apoyo para personas con problemas o que sufren violencia doméstica, abuso de drogas, abuso de alcohol, comportamiento criminal, trastornos mentales o psicológicos, problemas de comportamiento, relaciones rotas y divorcio.

Tal vez has experimentado la vergüenza, e incluso el ridículo de las personas que te menosprecian por ser un testigo tan pobre de tu llamada fe cristiana. Tal vez, solo tal vez...

Tal vez no puedas entender a un Dios que dice ser tu Padre Celestial y que permitiría que toda esta miseria llegara sobre Sus hijos. Después de todo, ¿qué clase de padre humano no protegería a sus hijos del daño, la angustia y el peligro?

Después de todos estos esfuerzos de tu parte para escapar del dolor, las cosas pueden parecer mejores por un tiempo, y luego te encuentras de nuevo en el mismo ciclo interminable una vez más, con un corazón roto lleno de dolor y angustia preguntándote ¿por qué?¿por qué?

Quiero compartir con ustedes lo que he descubierto al tratar de obtener alivio del dolor y el sufrimiento, y comprender esas mismas cosas que les he mencionado en la introducción de este libro.

Quiero compartir con ustedes mi testimonio personal de liberación de un engaño espiritual muy peligroso, que me llevó a muchas de esas aflicciones personales antes mencionadas, que me causaron tanto sufrimiento mental y dolor de corazón.

También quiero compartir con ustedes la revelación personal que me llevó más de veintitrés largos, dolorosos y agonizantes años aprender y darme cuenta.

Espero que esta revelación pueda convertirse en un rayo de esperanza y luz sobre el sendero de tu oscuridad mientras recorres el resto del camino de tu vida. Si es así, entonces hacerme vulnerable habrá valido la pena. Esa revelación personal que vino a mi a un alto costo es esta:

> Que mi Corazón, engañado por la mentira del mundo y violado por mi actitud descuidada e imprudente hacia las cosas espirituales, se había convertido en un lugar para
> **"LA MORADA DE LOS DEMONIOS"**

¡NO TE DEJES ENGAÑAR!

Capítulo 2

Mi Viaje Comienza

Durante la mitad de los 1600, John Bunyan escribió un libro desde su celda en la que estuvo durante doce años. Esta obra literaria "El Progreso del Peregrino" ha demostrado, a lo largo de estos años, ser una bendición espiritual y ha ayudado a todos los que se toman el tiempo de leerla.

Ahora es la década del 2000 y he escrito un libro desde la celda spiritual de la prisión donde estuve cautivo durante veintitrés largos años.

Espero que esta pequeña obra literaria, como la de John Bunyan, sea una bendición espiritual y ayude a todos los que se tomen el tiempo de leerla.

Comencé mi viaje a través del desierto de este mundo caminando por los campos de la noche en la oscuridad espiritual.

En el camino, descubriría lo que Christian llamó "su libro", solo yo llamaría a mi descubrimiento "mi nuevo libro". Me señalaría en la dirección de mi nuevo destino, el Rey reinando en la Ciudad Celestial en la Tierra Celestial de Canaán.

Oh, discúlpenme, me estoy adelantando a mi historia.

Todo empezó cuando era un niño. Mi madre adoptiva era una mujer Cristiana profesante y mi padre adoptivo, que era un no creyente, poseía y operaba su propio negocio, el cual había llamado la Arcade Sala de Billar y Taberna. Estaba ubicada en la ciudad rural de Popular bluff, Missouri.

En ocasiones mi madre me llevaba a mi, a mi hermano y a mis hermanas a la escuela y a la iglesia. Si nos comportábamos (que no era muy a menudo) nos llevaba luego al programa juvenil llamado Unión de Entrenamiento los domingos en la tarde.

Por supuesto, también hubo una Escuela Bíblica en las vacaciones de verano, y como muchos de ustedes recordaran de su propia experiencia de la infancia, era muy divertida. ¡Porque era hora del Kool-Aid y las galletas!

Como mencione anteriormente en mi introducción "Ten cuidado de cómo vives tu vida porque quizás seas la única Biblia que algunas personas puedan leer". Lo que sigue se convirtió en mi Biblia de la vida.

Entre la escuela dominical y mi período en una escuela católica local, aprendí todo sobre los ángeles y hombres caídos debido a la desobediencia y el pecado contra la voluntad de su Padre Celestial.

Cuando era niño también me encantaba escuchar la historia del hermoso jardín, de Adán y Eva y el Ángel caído Lucifer, quién llegó a ser conocido como satán; ese malvado dragón y serpiente que comenzó todo este lio, de las cosas llamadas pecado, rebelión y desafío. (Génesis capítulos 1,2 y 3, Apocalipsis capítulo 12: 7-9)

También me encantaba escuchar las historias sobre Jesús, Su nacimiento en el pequeño establo, y los pastores y reyes que fueron guiados por esa brillante estrella.

LUCAS 2:8-12 Y había pastores en la misma tierra que moraban en el campo, velando sobre sus ovejas de noche.
9 Y he aquí el Ángel del Señor vino sobre ellos, y la gloria del Señor resplandeció alrededor de ellos; y tuvieron gran temor.

10 Y el Ángel les dijo: No temáis; porque aquí os traigo buenas nuevas de gran gozo, que será para todos los pueblos.
11 Porque os ha nacido hoy en la ciudad de David un Salvador, que es Cristo el Señor.
12 Y esto os será por señal: hallaréis al niño envuelto en pañales, acostado en un pesebre.

Todavía puedo escuchar ecos en los pasillos de mis recuerdos de la infancia como todos los niños cantamos suavemente

"Lejos en el encargo una cuna para Su cabeza
El pequeño Señor Jesús puso Su dulce cabeza
Las estrellas en el cielo miraron hacia abajo donde Él yacía
El pequeño Señor Jesús dormido en el heno."

¿Todavía puedes escuchar a los niños cantando esa canción?

En la Escuela Dominical y la Unión de Formación también aprendí sobre La vida de Cristo y como se preocupaba por los demás

HECHOS 10:38 Como ungió Dios a Jesús de Nazaret con espíritu Santo y con potestad, el cual iba haciendo bien y sanando a todos los oprimidos del diablo; porque Dios era con el.

También supe sobre la trágica muerte de Cristo:

MATEO 27:45-50
45 Y desde la hora sexta hubo tinieblas sobre toda la tierra hasta la hora novena.
46 Y cerca de la hora novena, Jesús clamó a gran voz, diciendo: Elí, Elí ¿lama sabactani? es decir: Dios mío, Dios mío, ¿Por qué me has desamparado?
47 Y algunos de los que estaban allí, oyéndolo, decían: Este hombre llamó a Elías.
48 Y luego uno de ellos corrió, y tomo una esponja, y la lleno de

vinagre, y poniéndola en una caña, le dio de beber.
49 Los demás dijeron: Veamos si Elías vendrá a salvarlo.
50 Jesús, habiendo otra vez clamado a gran voz, espiró.

Todavía puedo recordar el canto sobre el gran amor que Cristo mostró por Su sacrificio.

¡Ay! ¿Y sangro mi Salvador, y murió mi soberano?
¿Entregaría esa sagrada cabeza, por un pecador como yo?

En la cruz, en la cruz, donde vi por primera vez la luz, y la carga de mi corazón se fue, así fue como recibí mi vista por fe, y ahora estoy feliz todo el día

También aprendí acerca de la resurrección triunfante y gloriosa de Cristo: **(Juan 19:41,42 capitulo 20:1-20)**

Se levantó del sepulcro, con gran triunfo sobre sus enemigos;
El resucitó a un vencedor del dominio oscuro,
Y Él vive para siempre con Sus santos para reinar.
¡Él resucitó! ¡Él resucitó! ¡Aleluya! ¡Cristo resucitó!

¡*Alabado sea el Señor por ese día feliz!*

También escuché la historia de Su gloriosa Segunda Venida a este viejo mundo nuestro maldito de pecado, para llevarnos a casa a un lugar maravilloso llamado cielo. (1 Tesalonicenses 4: 16-17)

Ahora, por supuesto, no escuché todas estas historias bíblicas sobre Cristo en un solo lugar. Las aprendí cada vez que asistí a la Escuela Dominical y a la iglesia. Así fue en mis días de infancia..

Sin embargo, como en la vida, así iba a ser en la escuela bíblica durante las vacaciones y en la iglesia, los momentos felices no duran para siempre. Después de todo el tiempo de diversión de Kool-Aid y galletas e historias del Jesús manso y dócil, llegó el momento de ir arriba en el auditorio y sentarse muy tranquilamente y escuchar al predicador contar un tipo diferente de historia de la Biblia.

Como la aterradora historia de una cosa llamada el Juicio. Una historia sobre un hombre rico y un pobre mendigo llamado Lázaro. Una obra llena de cosas vívidas y gráficas aterradoras como llamas ardientes de fuego infernal y tormento. Personas que se retuercen en un eterno dolor implacable e insoportable que continua para siempre. Y para siempre es por mucho tiempo. **(Lucas 16:19-31)**

El predicador sabía como dibujar los detalles gráficos de un lugar tan horrible y terrible. Fue capaz de asustar a un joven como yo.

En la escuela católica, también aprendería sobre un lugar similar llamado Purgatorio. Si sólo fueras enviado a este lugar de tormento ardiente, al menos podrías tener a alguien que te ayudara a salir rezando por ti o dando dinero a la iglesia. ¡Me disculpo por no proporcionar pruebas bíblicas para esta historia porque no hay ninguna!

Sin embargo, como muchos chicos jóvenes lo hacen, no tome en serio las lecciones de estas historias emocionantes. Así que creciendo y descubriéndome a mí mismo como un adolescente joven, me encontré menos interesado en las historias bíblicas y encontré mi amor e interés en Cristo muy superficial. Así que acepté gustosamente una nueva oportunidad que mi padre me presentó. Ya no tendría que ir a la iglesia los domingos. Podría ganar algo de dinero y ayudarle a limpiar y preparar su sala de billar y taberna para la próxima semana laboral.

Era una gran oferta para un joven adolescente. ¡Ahora podría ahorrar algo de dinero para comprar mis ruedas! Finalmente sería capaz de comprar mi propio coche. ¡Wow! La decisión no fue difícil de tomar. *El domingo siguiente, con gusto cambiaría un banco de la iglesia por una escoba y un trapeador.*

Como algunos de ustedes ya habrán aprendido, cada vez que se apartan de las cosas del Señor, van por un camino de grandes problemas. Por supuesto, yo no lo sabía entonces. Retrospectiva 20-20 sabes como va eso.

Sin embargo, a medida que pasaba el tiempo, empecé a luchar contra la autoridad de mis padres quienes, en su bondad y preocupación, nos habían adoptado a los cuatro hijos. La rebelión, las peleas y riñas en casa se volvieron tan malas e intensas que mi padre, que tenía una reputación de tener confianza, poder golpear cabezas y siempre ganar, me echó físicamente de la casa.

Así que, siendo un adolescente, ahora me encontraba de repente frente a la responsabilidad de cuidar y mantenerme a mí mismo. Inmediatamente conseguí un empleo, y después de un tiempo, le pedí a mi novia de secundaria que se casara conmigo. Finalmente, poco tiempo después, me uní al servicio militar y me encontré en medio de una guerra en un lugar lejano llamado Vietnam.

Ahora, la primera fase de mi revelación de la ignorancia espiritual comenzaba a revelarse a sí misma como las primeras nubes ominosas y oscuras de esa ignorancia y comenzaron a engrosarse y a reunirse a mi alrededor. Con el tiempo desatarían su furia completa y despiadada sobre mi.

Capítulo 3

Voy Subiendo la Colina de las Dificultades

A lo largo del camino del peregrino, Christian se encontró con dos viajeros conocidos como "Formalista e Hipocresía". Viajaron juntos hasta llegar al pie de una colina, Dificultad. En la parte inferior de la colina había un manantial. También había otros dos caminos por recorrer, uno hacia la izquierda y el otro hacia la derecha. Pero el camino angosto subía por la colina llamada dificultad.

Mis problemas de la adolescencia y la juventud comenzaron a ponerse al día conmigo en un día caluroso y soleado a mediados del verano de 1970. Tres veranos antes, en 1967, había regresado de mi servicio en Vietnam y, como muchos veteranos, tuve que lidiar con problemas dejados por esa guerra, pero a la edad de veintitrés años, no había nada que no pudiera olvidar. Un caluroso día de verano tres años después de regresar a casa, acababa de terminar un pequeño proyecto de construcción cuando note una agitación que no podía olvidar. No podía entenderlo porque no había nada por lo que estar agitado.

Esa noche, al atardecer, mi agitación empeoró y de repente algo comenzó a sucederle a mi cuerpo que me asustó. Comenzó a convulsionarse violentamente. Me doblaba y luego mi cuerpo, con un tirón rápido y doloroso, se arqueaba hacia atrás. Esto duró horas y horas y estaba agotando mis fuerzas. No importaba lo fuerte que tratara de ejercer mi fuerza de voluntad contra su fuerza irrefrenable, era en vano.

Finalmente, me llevaron a la sala de emergencias del hospital local donde por primera vez en mi vida me dieron medicamentos que alteraban la mente para detener las convulsiones que no me permitían descansar. Después de una estancia en el hospital, me diagnosticaron una condición que el medico llamó "neurosis de guerra". Hoy en día, se llama desorden por estrés postraumático o PTSD por sus siglas en inglés.

Unos veranos más tarde, con dolores de cabeza crónicos e implacables (causados por, creo que la exposición al agente naranja en la guerra) y frecuentes sobredosis de medicamentos para encontrar alivio, de pesadillas recurrentes, ira incontrolable, estallidos violentos, y noches sin dormir, me encontré encerrado en un manicomio. Ahora, para mi horror y asombro, me encontraba en un ambiente nuevo y extraño. Estaba mirando por una ventana cubierta por barras frías de acero en el segundo piso de una institución mental.

Que sorpresa para mi sensibilidad. Me iban a alojar con gente caminando como muertos vivientes con caras hundidas y huecas. Algunos con escupitajos bajando por sus bocas. Otros con la lengua colgando y solo haciendo gruñidos tratando en vano de comunicarse. Algunos caminaban por los pasillos, como zombis, después de haber regresado de la terapia de choque. *Seguía pensando, esto debe ser una horrible pesadilla, y en cualquier momento, despertaré*

Mientras estaba allí de pie en un tonto y adormecedor asombro, mirando a la gente caminando en perfecta libertad a lo largo de las aceras debajo de mí, disfrutando del calor y la belleza de un día soleado brillante, mi mente fue llevada de vuelta a mis días en que, como un niño joven con mi madre, hermano y hermanas, visitaríamos a mi tío en la sala mental del hospital de la Administración de Veteranos.

Mi tío también fue veterano de una Guerra extranjera. Fue uno de los hombres más valientes que irrumpieron en las playas de Normandía. Ahora el también estaba en un estado vegetativo, con la cara hueca y los ojos hundidos. Neurosis de guerra fue el diagnostico entonces, los burlones le llamaban lunático y loco, bueno ya sabes todos los nombres. Pero no importaba como lo etiquetaban, o como alguien lo llamaba de forma burlona, el resultado y el dolor eran los mismos.

Mientras me quedaba allí mirando a través de esas barras siempre confinantes, seguía recordando esas visitas de verano al hospital cuando era un niño. Recuerdo que me dije a mí mismo, *"No voy a ser como mi tío, nunca voy a ser como él."*

Ahora me encontraba preguntándome dolorosamente ¿cómo terminé aquí como mi tío? ¿Cómo terminé como él? Enfermo mental, loco y lunático. ¿Qué estoy haciendo aquí? ¿Qué me trajo aquí? ¿Cómo puedo salir de aquí? ¿Y cómo puedo recuperar mi cordura y salud? **¡Dios mío, ayúdame! ¡Dios mío, ayúdame!**

Las nubes oscuras de mi pesadilla de dilema comenzaban a envolverme. Aquí estaba, encerrado en una institución mental, en la que recordaba que, siendo un niño, juré nunca estar. La misma que como hombre, juré nunca estar en la misa situación. Estaba clamando a Dios por ayuda, un Dios que ni siquiera conocía. Un Dios a quien nunca me había esforzado por conocer o incluso tomado el tiempo de conocer. Un Dios al que había cambiado por una fregona, una escoba y una sala de billar hacia muchos años.

Está escrito en las Escrituras que, "para todo hay una temporada y un tiempo para cada propósito bajo el cielo". Había llegado el momento de conocer al Dios al que había pedido ayuda.

Los doctores me habían dicho que no había cura médica para mi condición. Después de ver a mi querido tío sufriendo de su incapacidad, no siendo mucho más que un inválido indefenso todo lo que restaba de su vida, supe que, si iba a recuperar mi salud mental de nuevo, solo el Dios del Cielo podría restaurarla para mí. Gracias a la escuela dominical y a la iglesia mientras crecía, al menos entendí eso de Dios.

Habían pasado tres años desde que había experimentado mi "colapso mental", mi primera experiencia con "neurosis de guerra" mi "PTSD" como la llaman. Mi condición estaba empeorando. Entraba y salía de hospitales, entraba y salía de instituciones mentales y clínicas, médico tras médico, sobredosis de medicamentos, enfermo de síntomas gripales las veinticuatro horas del día, perdiendo trabajo tras trabajo. Necesitaba hacer algo diferente. Ir con otro doctor o ser ingresado en otro hospital no era la respuesta al dilema en el que me encontraba.

Debía subir la cuesta de la dificultad.

Capítulo 4

El Me Tocó

Habían pasado ya tres años desde que mi pesadilla había comenzado en ese día de Verano agitado en 1970. Ahora en un día de invierno frío, en un lugar llamado Hot Springs, Arkansas decidí solicitar una versión del Nuevo Testamento que había visto en oferta en un programa de televisión. Ahora, por primera vez en mi vida, empecé a leer las Escrituras por mí mismo. Esta vez no quería escuchar acerca del Jesús manso y apacible. *Quería entender y experimentar como Él iba a sacarme de este terrible dilema en el que me encontraba.*

Lo que sucedió fue el resultado de ese esfuerzo decidido de desenmascarar al Dios del poder, amor y liberación " sucedió de esta manera" como diría Christian en el *Progreso del Peregrino.*

Era ya 1973 y yo había comenzado recientemente a trabajar en un lugar nuevo. Mi pequeña familia y yo nos habíamos mudado a Hot Springs, Arkansas. Después de recibir mi Nuevo Testamento por correo, inmediatamente comencé mi búsqueda leyendo durante cualquier momento que pudiera aprovechar. Puesto que era un trabajo a tiempo completo, me levantaba temprano en la mañana antes que cualquier otra persona en mi familia y comenzaba a devorar mi nuevo libro. En el trabajo durante mi hora de almuerzo, saldría en mi vieja camioneta Ford 1965 (Betsy), arrancaba el motor, encendería el calentador, y seguiría leyendo.

Mientras leía día tras día, una declaración que Cristo repitió varias veces en Sus enseñanzas me cautivo. El dijo: *"Todo lo que pidiereis, si creéis, lo recibiréis."* (Marcos 11:22- 23)

Mientras leía día tras día, una declaración que Cristo repitió varias veces en Sus enseñanzas me cautivo. El dijo: "Todo lo que pidiereis, si creéis, lo recibiréis."(Marcos 11:22- 23)

Mi recién descubierta fascinación con mi nuevo libro siguió aumentando con el tiempo. De hecho, cuando había terminado de leer el libro completo empecé a leerlo de nuevo. Con cada lectura, mañana, mediodía, y víspera, esas palabras de Cristo sobresalieron en mi mente como si estuvieran envueltas en llamas. "Todo lo que pidiereis en mi nombre, lo haré." "Si dijereis a este monte, mudaos a la mar, se hará." (Mateo 21:21-22)

Luego, en un frío diciembre durante la hora del almuerzo, salí a mi camioneta. El día era el 7 de diciembre de 1973. Un día lleno de acontecimientos de los que iban a convertirse en un punto de inflexión en mi vida. Continué leyendo sobre el Señor Jesucristo moviendo montañas y matando higueras.

A pesar del hecho de que estaba teniendo problemas mentales, todavía tenía el sentido suficiente para saber que, si yo iba caminando hasta la gran montaña que se encuentra detrás de mi lugar de trabajo, y le decía, "montaña de Hot Springs, Arkansas aléjate y arrójate al mar." Sabía muy bien que la montaña no se movería ni un centímetro.

Sin embargo, al mismo tiempo, quise con todo mi corazón creer lo que Cristo me estaba diciendo en las palabras de Su Libro, que Él me daría lo que pidiera, si creía que Él lo haría. Estaba totalmente confundido y vacilando entre la esperanza de ayuda de Cristo para restaurar mi salud mental y el desaliento total al pensar que la ayuda solo viene de la clase de fe que mueve montañas. El tipo de fe que sabía que no poseía o que nunca podría poseer.

Me sentí frustrado e, incluso, disgustado al pensar en cuan lejos de mi existía de manera realista cualquier esperanza de ayuda. Simplemente, no podía creer estas palabras que estaba leyendo. Entonces, en abyecta desesperación, lance mi nuevo Libro sobre el tablero de la camioneta.

Sin embargo, todavía tenía algo de tiempo para mi de la hora de almuerzo, así que recogí mi nuevo libro nuevamente y lo abrí en un lugar al azar para llenar el tiempo restante. Allí, frente a mí había un texto que brillaba ante mis ojos,

"Respondió Jesús y les dijo: ciertamente os digo que, si tuviereis fe, y no tuviereis duda, no solamente haréis esto que se hace a la higuera, sino también si a este monte diréis: Apártate, y échate en el mar; será hecho. Y todo lo que pidiereis en oración, creyendo, recibiréis." **Mateo 21: 21**

Bueno, pensé que era una extraña coincidencia que fuera ese texto. Así que una vez más, cerré mi nuevo libro y lo abrí, al azar. De nuevo este es el texto sobre el que mis ojos cayeron,

"Y respondiendo Jesús, les dijo: Tened fe en Dios. Porque de cierto os digo, que cualquiera que dijere a este monte: apártate, y échate al mar; y no dudará en su coraza, sino que creerá que las cosas que dice se harán; tendrá lo que siempre dice. Por tanto, os digo: Las cosas que así pidiereis orando, creed que las recibiréis, y las tendréis. **Marcos 11: 22-24**

En este momento yo ya estaba realmente molesto y agitado porque, como dije antes, me sentía tan inadecuado y alejado de la realidad de tales declaraciones, que mi nivel de frustración era muy alto. Además, estaba empezando a preguntarme que estaba pasando aquí. Pasar al azar a uno de estos textos era una cosa, pero volver a dos de ellos de forma seguida y en diferentes páginas parecía más que una coincidencia. En total frustración, tiré mi nuevo libro en el tablero de mi camioneta.

Estaba confundido y desconcertado por lo que estaba pasando. Lo que hice a continuación puede sonar extraño para algunos. (Entiendo si te ríes) Cerré los ojos y, como lo haría un hombre ciego, con cautela, lo cogí, lo abrí, todo el tiempo con los ojos cerrados.

Entonces cuando abrí mis ojos allí delante de mi había un texto que parecía brillar como si estuviera rodeado de llamas de fuego:

> Si pides cualquier cosa en mi nombre, lo haré. Juan 14:14

Inmediatamente me arrodillé sobre la tabla del suelo de "Betsy" y empecé a llorar y a rezar. Mi oración fue algo en esta línea: "¡Señor, SEÑOR todavía necesito ayuda! Deseo con todo mi corazón creer lo que claramente me estás diciendo, pero no puedo creer que pueda hablar tu palabra a una montaña y esta simplemente desaparecerá. Por favor perdóname por eso y por favor ayúdame a creer, porque con toda honestidad no puedo, pero quiero hacerlo con todo mi corazón."

Lo que ocurrió después, ningún lenguaje humano es suficiente para expresarlo. No había terminado la última palabra de mi oración de incredulidad cuando, de repente, todo mi cuerpo se sintió como si estuviera siendo totalmente consumido por un fuego líquido ardiente. Parecía que me transportaban a otra dimensión como si algún carruaje me llevara a un lugar distante donde nunca había estado antes. Escuché Ángeles cantando, rodeándome con sus canciones. Yo era totalmente inconsciente del tiempo o del espacio. Ni siquiera puedo encontrar palabras para transmitirles todo lo que experimente en ese día memorable.

Solo puedo decir que estaba muy consciente de que estaba en lugar muy especial.

EL ME HABIA TOCADO

Nunca en mi vida había escuchado una oración así. Estaba perdido en total asombro y maravilla. Mientras me arrodillaba allí en la tabla del suelo de mi camioneta, le entregué mi vida al Señor Jesucristo. ¡El me había tocado!

>   Encadenado por una pesada carga
>   Bajo una carga de culpa y vergüenza
>   Entonces la mano de Jesús me tocó
>   Y ahora ya no soy el mismo

El siguiente evento solo puedo contarlo vagamente porque estaba en un estado de shock total y un asombro adormecedor. Mi hora del almuerzo había terminado y era hora de volver al trabajo. Recuerdo haber preguntado a mi compañero de trabajo (que tenía su puesto de trabajo al lado del mío) "¿Realice mi trabajo esta tarde?" El me contestó "si", sin embargo todo lo que recuerdo es que entré en la oficina, me senté en mi puesto de trabajo, y luego todo el mundo comenzó a moverse alrededor para ir a casa, pues el día de trabajo había terminado. Cuatro horas habían pasado en lo que parecía ser un instante para mi.

Maneje hasta mi casa esa fría noche de diciembre. *Recuerdo que pensé, ahora que todos mis problemas han terminado, no volveré a estar mental y físicamente enfermo otra vez porque había encontrado al Señor.* Todo estará bien a partir de ahora. Había descubierto personalmente esa llave mística que me permitió entrar en una nueva dimensión de la vida espiritual. ¡Me esperaba la sorpresa y el shock de mi vida!

En un intento de resumir una larga historia trágica, permítanme decir que los próximos veintitrés años fueron solo más de lo mismo. No hubo ningún cambio en mi sufrimiento mental. Primero tuve que aprender las cosas mas profundas que vendrían a explicar esas palabras del Señor que Él tan fuertemente impresionó en mi mente.

Una de estas enseñanzas más profundas es esta: que es extremadamente importante entender las palabras de Dios correctamente. Que la forma en que aprendimos a entenderlas en el pasado podría no ser la correcta. Aún más, un mal entendimiento de Su Palabra puede llevarnos a creer que Sus palabras están muy por encima de nuestras cabezas y no pueden materializarse o necesitan ser interpretadas de diferentes formas. *Por lo tanto, por una interpretación incorrecta de Su Palabra, anulamos el poder que Dios ha puesto en ellas, y perdemos su cumplimiento o, peor aún, invitamos al peligro.*

Este es el casi fatal error que cometí y que me había puesto en la sala de emergencias del hospital de la que te hablé al principio de mi historia. El error que casi me costó la vida. Descubriría que tenía que aprender la verdad de esta enseñanza más profunda de la forma difícil.

Esa enseñanza es la siguiente: *Le robamos a Dios el poder que El ha puesto en Su Palabra al creer en una interpretación incorrecta o engañosa de Su Palabra, por lo tanto, no solo se pierde en el cumplimiento de Su Palabra, peor aún, invitamos al peligro con esa interpretación engañosa.*

Pronto iba a descubrir que otra persona mucho más sabia que yo y que vivió en tiempos bíblicos tuvo que aprender esa enseñanza de la manera difícil también.

Él es el tema del siguiente capítulo en nuestro continuo viaje juntos para entender las cosas más profundas de Dios y de la vida.

Mi Hogar de la Infancia

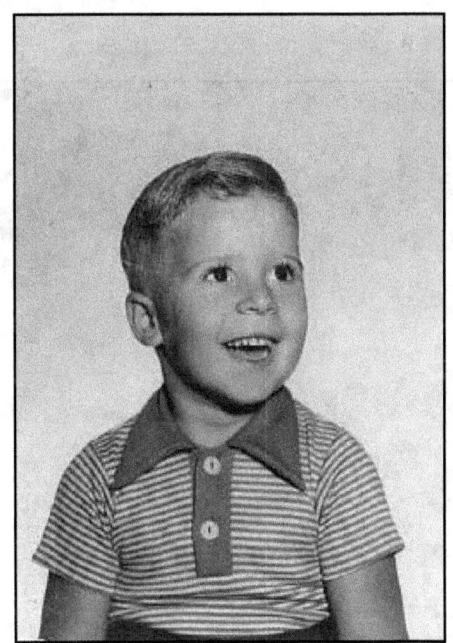

De Niño

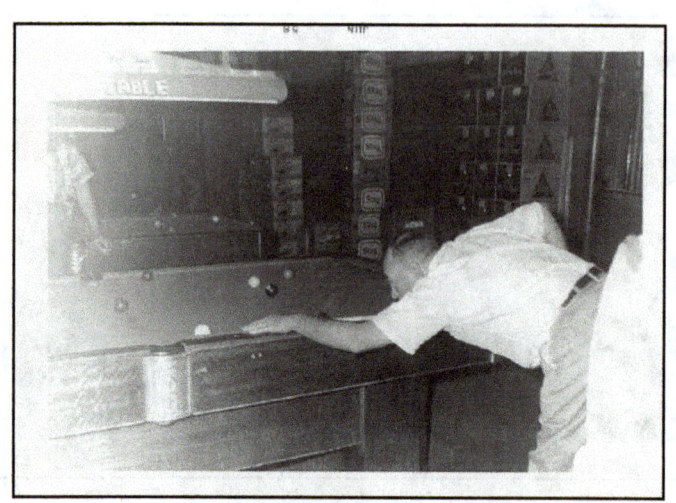

Mi Padre en su Sala de Billar

La última foto completa que queda de "Betsy"

"Equipo de mantenimiento" de Betsy. Las piernas pertenecen a Dan y sus hijos - Daniel Christopher y Heather Kathleen.

Una foto de la taberna "Arcade Pool" de mi padre (la Puerta esta debajo del gran letrero de Budweiser). Mi padre está sentado en el lado izquierdo de la famosa carreta Budweiser y los caballos Clydesdale.

Capítulo 5

Encuentro con un Rey Mundano en el Camino

Mientras Christian caminaba solo en el Camino, vió a alguien viajando por el mismo camino en el que el estaba. Vino a través del campo para encontrarse con el y como casualidad lo tendría; estaban cruzando el camino el uno del otro. El nombre del caballero era hombre Sabio Mundano.

Como lo fue con Christian, así sería conmigo. Durante mi viaje a través de mi nuevo libro, yo también conocí a un hombre sabio mundano. Su nombre era Rey Nabucodonosor. El fue el rey de Babilonia que conquistó y destruyó Jerusalén y su magnífico templo en 586 d.C.

Nuestros caminos se cruzaron como el Señor, que era mi rey ahora, me llevó a una historia especial en mi nuevo Libro. Para ese momento yo había casi agotado mi Nuevo Testamento y había comprado una Biblia completa (Versión King James).

Al estudiarla leí acerca de un rey llamado Nabucodonosor *quien como yo, eventualmente, perdió sus poderes de razonamiento y cordura como resultado de creer en un engaño espiritual peligroso, robando así a Dios del poder y la gloria debida a Su Santo Nombre. Ciertamente no estaba en el mismo nivel de estatus que un rey o un gran monarca, sin embargo, debido a mis difíciles circunstancias, el Señor ciertamente ya tenia toda mi atención. La historia bíblica dice así:*

DANIEL 4

1 El rey Nabucodonosor a todos los pueblos, naciones y lenguas que habitan en toda la tierra: la Paz os sea multiplicada.
2 Me pareció bien hacer las señales y maravillas que el Dios Altísimo ha hecho conmigo.

3 ¡Cuan grandiosas son sus señales! ¡y cuan ponderosas son sus maravillas! Su reino es reino eterno, y su señorío de generación en generación.
4 Yo Nabucodonosor descansaba en mi casa, y florecía en mi palacio;
5 Vi un sueño que me espantaba, y los pensamientos en mi cama y las visiones de mi cabeza me turbaban.
6 Por tanto, mande a traer delante de mi todos los sabios de Babilonia, para que me mostrasen la declaración del sueño.
7 Y vinieron magos, astrólogos, caldeos, y adivinos; y conté el sueño delante de ellos, y no me dieron a conocer su declaración.
8 Mas a la postre entró Daniel delante de mi, cuyo nombre era Beltsasar, conforme al nombre de mi Dios, y en el cual esta el espíritu de los dioses santos; y conté el sueño delante de el, diciendo,
9 Beltsasar, maestro de los magos, porque se que el espíritu de los dioses santos esta en ti, y que ningún secreto te preocupa, dime las visiones de mi sueño que he visto, y su interpretación.
10 Así fueron las visiones de mi cabeza en mi cama: Miré, y he aquí un árbol en medio de la tierra, y su altura era grande.
11 El árbol crecía y se fortalecía, y su altura llegaba hasta el cielo, y su vista hasta el extremo de toda la tierra:
12 Su follaje era hermoso, y su fruto grande, y en el había alimento para todos: las bestias del campo tenían sombra debajo de el, y las aves del cielo habitaban en sus ramas, y toda carne era harta de ellas.
13 Vi en las visiones de mi cabeza sobre mi cama, y he aquí un atalaya y santo que descendía del cielo;
14 Y el dio voces, y dijo así: *Cortad el árbol, y cortad sus ramas, sacudid sus hojas, y esparcid su fruto*: dejen que las bestias se vayan de debajo de el, y las aves de sus ramas;
15 Mas la cepa de sus raíces dejare en la tierra, con venda de hiero y de metal, en la hierba del campo; y se mojara con el rocío del cielo, y con las bestias será su parte en la hierba de la tierra;
16 Su Corazón sea mudado de Corazón de hombre, *y se le de corazón de bestia*; y pasen sobre el siete tiempos.

17 Este asunto es por decreto de los vigilantes, por mandato de los santos, *para que los vivientes sepan que el Altísimo gobierna en el reino de los hombres, y lo da a quien el quiere,* y pone sobre el al mas bajo de los hombres.
18 Yo, el rey Nabucodonosor, he visto este sueño. Ahora tu, oh Beltsasar, declara su interpretación; pero tu eres capaz, porque el espíritu de los dioses santos esta en ti.
19 Entonces Daniel, cuyo nombre era Beltsasar, estuvo atónito (aturdido) por una hora, y sus pensamientos lo turbaron. Y hablo el rey, y dijo: Beltsasar, no te moleste el sueño ni su declaración. Respondió Beltsasar, y dijo: Señor mío, el sueño sea a los que te aborrecen, y su interpretación a tus enemigos;
20 El árbol que viste, que crecía y era fuerte, cuya altura llegaba hasta el cielo, y su vista a toda la tierra;
21 Cuyas hojas eran hermosas, y su fruto mucho, y en ellas había alimento para todos; debajo de las cuales habitaban las bestias del campo, y sobe cuyas ramas habitaban las aves del cielo:
22 Tu, oh rey, has crecido y te has fortalecido; porque ha crecido tu grandeza, y ha llegado hasta el cielo, y tu dominio hasta el cabo de la tierra;
23 Y lo que el rey vio un Atalaya y un santo que descendía del cielo, y decía: Cortad el árbol, y destruidlo; mas dejad en la tierra la cepa de sus raíces, con una cinta de hierro y de metal, en la hierba del campo; y que se moje con el rocío del cielo, y que se moje con el rocío del cielo, y que su causa sea con las bestias del campo, *hasta que siete veces pasen sobre el;*
24 Esta es la declaración, oh rey, y este es el decreto del Altísimo, que ha venido sobre mi señor el rey:
25 Que te echaran de entre los hombres, y será tu morada con las bestias del campo, y te harán comer hierba como a los bueyes, y te mojarán con el rocío del cielo, y siete veces pasaran sobre ti, Hasta que sepas que el Altísimo reina en el reino de los hombres, y lo da a quien quiere.
26 Y cuanto a lo que mandarían a dejar la cepa de las raíces de los árboles, tu reino te será firma, después de lo cual sabrás que los cielos dominan.

27 Por tanto, oh rey, acepta mi consejo, y rompe tus pecados con justicia, y tus iniquidades con misericordia para con los pobres, si es posible que sea una prolongación de tu tranquilidad.
28 Todo esto vino sobre el rey Nabucodonosor.
29 Al cabo de doce meses entro en el palacio del reino de Babilonia..

30 Y hablo el rey, y dijo: ¿No es esta la gran Babilonia, que edifique para casa del reino con la fuerza de mi poder, y para honra de mi majestad?
31 Y estando a la palabra en la boca del rey, una voz del cielo cayó, diciendo: Rey Nabucodonosor, a ti es asolado; *El reino se ha apartado de ti.*
32 Y te echaran de entre los hombres, y será tu morada con las bestias del campo: te harán comer hierba como a los bueyes, *y siete tiempos pasaran sobre ti, hasta que sepas que el Altísimo se enseñoreará en el reino de los hombres, y lo dará a quien el quisiera.*
33 En aquella misma hora se cumplió el pacto con Nabucodonosor: y fue echado de entre los hombres, y comió hierba como los bueyes, y su cuerpo se mojó con el rocío del cielo, hasta que sus cabellos crecieron como plumas de águilas, y sus uñas como garras de aves.
34 Y al fin de los días alce yo Nabucodonosor mis ojos al cielo, y mi entendimiento se volvió a mi, y bendije al Altísimo, y alabe y honre al que vive para siempre, cuyo dominio es dominio eterno, y su reino es de generación en generación;
35 Y todos los moradores de la tierra son contados como nada; y hace según su voluntad en el ejercito del cielo, y entre los moradores de la tierra; y nadie puede parar su mano, ni decirle: ¿Qué haces?
36 En aquel tiempo me fue devuelta la razón, y para gloria de mi reino me fue devuelta mi honra y mi resplandor; y mis consejeros y mis príncipes me buscaron; y fui confirmado en mi reino, y me fue añadida magnificencia.

37 Ahora yo Nabucodonosor alabo, engrandezco y glorifico al Rey de los cielos, y todas sus obras son verdad, y sus caminos juzgan; y puede humillar a los que andan con soberbia.

Así que ahí lo tienen. Una historia de un rey *cuyos poderes de razonamiento fueron tomados de el por un Ángel enviado del Dios del cielo*. El señor envió a Su Ángel para enseñarle a este terco rey una dolorosa pero necesaria lección. Esa lección es: *es peligroso creer en un engaño espiritual que roba a Dios de la gloria y el poder de Su Palabra*.

Lo que sigue es una idea que el Señor me dio acerca de la simulación entre el rey y mis experiencias con respecto a este engaño.

No tengo el entrenamiento formal en un seminario o como teólogo, sin embargo, a partir de mi estudio bíblico y experiencia espiritual personal, quiero compartir con ustedes lo que pienso acerca *del engaño espiritual* en el que el rey creyó.

Recuerdan la revelación spiritual dada a Daniel quien se la da al rey en el versículo 25.

…….. Siete tiempos pasaran sobre ti, hasta que sepas que el Altísimo gobierna en el reino de los hombres, y lo da a quien *Él quiere*. (Énfasis en Él, el *Dios Soberano de los reyes LO DA*). Así que había una revelación en la historia, ¡pero el rey no la entendió!

En los versículos 29 y 30 caminó admirando lo que debió haber sido una esplendida vista de sus famosos jardines colgantes; esos hermosos jardines que fueron una de las Siete Maravillas del Mundo. Y dijo: "¿No es esta la gran Babilonia, que edifiqué para casa del reino con la fuerza de mi poder, y para honra de mi majestad?"

Como dice la versión parafraseada de la Biblia: ¡mira que grande es Babilonia! *Lo construí como mi capital para mostrar mi poder y mi grandeza, mi gloria y mi majestad.*

Ahora se hace evidente que el rey no tomó a Dios en Su Palabra y para él, no era de importancia lo que él creía acerca de la revelación divina que se le dio. En lugar de creer que su reino era un *don de Dios*, pensó que era el resultado de su propio poder, grandeza y esfuerzo personal. *¿Ves donde se engañó a sí mismo el rey?* El rey Nabucodonosor estaba a punto de empezar a pagar un alto precio por creer en ese engaño espiritual.

Daniel 4:31-33 Y estando la palabra en la boca del rey, una voz del cielo cayó, diciendo: Rey Nabucodonosor, a ti es dicho: El reino se ha apartado de ti.

32 Y te echarán de entre los hombres, y con las bestias del campo será tu morada; como bueyes te harán comer hierba, y siete tiempos pasarán sobre ti, hasta que sepas que el Altísimo se enseñorea en el reino de los hombres, y lo da a quien el quiere.

33 En aquella misma hora se cumplió el pacto con Nabucodonosor: y fue echado de entre los hombres, y comió hierba como bueyes, y su cuerpo se mojo con el rocío del cielo, hasta que sus cabellos crecieron como plumas de águilas, y sus uñas como garras de aves.

En lugar de que el rey creyera que su reino era un regalo de Dios, pensó que era el resultado de su propio poder, grandeza y esfuerzo personal.

El rey lo había perdido todo, su realeza, su reino, su dignidad y su cordura. Ahora, durante siete largos años de pesadilla y tortura, no viviría mejor que un animal. Sin embargo, la historia no termina ahí. Como Paul Harvey diría, (Estoy delatando mi edad, sonríe) "manténgase en sintonía para el resto de la historia".

Después de siete años de estar loco y vivir más como un animal que un ser humano, el Señor de los Señores y Rey de Reyes honro Su Palabra y le dio al Rey Nabucodonosor de nuevo sus poderes de razonamiento, su cordura, su reino y la realeza también.

Daniel 4 :34 Y al fin de los días alce yo Nabucodonosor mis ojos al cielo, y mi inteligencia se volvió a mi, y bendije al Altísimo, *y alabe y glorifique al que vive para siempre*, cuyo dominio es dominio eterno, y su reino es de generación en generación;

35 Y todos los moradores de la tierra son contados como nada; y hacen según su voluntad en el ejército de los cielos, y entre los moradores de la tierra: y nadie puede parar su mano, ni decirle: ¿Qué haces?

36 *En el mismo momento mi razón me fue devuelta; y por la gloria de mi reino me fue devuelta mi gloria y mi resplandor; y mis consejeros y mis príncipes me buscaron; y fui confirmado en mi reino, y me fue añadida magnificencia.*

Así que el rey Nabucodonosor, el Sabio Mundano, había aprendido el camino difícil para renunciar a su engaño espiritual, que no importa si robamos a Dios de su poder y gloria. Entonces se regocijó en el gozo de abrazar la realidad de esa gloriosa revelación dada a él por ese mismo Dios amoroso de todo poder y toda gloria.

37 Ahora yo Nabucodonosor alabo, engrandezco y glorifico al Rey de los cielos, y todas sus obras son verdad, y sus caminos juzgan; *y pueden humillar a los que andan con soberbia.*

He compartido con ustedes el testimonio de la experiencia del rey Nabucodonosor y la gloriosa luz de esta revelación amaneciendo sobre su mente oscurecida. Ahora quiero compartir con ustedes las similitudes de su experiencia y la mía, trayendo como el rey, gloria y honor al Dios del Cielo.

Capítulo 6

Caminando con un Rey Mundano

Como en la historia del peregrino, Christian, caminando con su amigo Hopeful, yo también camine con mi amigo, en mi nuevo Libro. Después de ser presentado al rey Nabucodonosor, él y yo caminamos juntos en nuestras experiencias compartidas. Iba a descubrir en nuestro tiempo juntos que ambos compartimos similitudes en nuestras experiencias individuales.

La creencia del rey, que la gloria y la majestad de su reino, eran el resultado de sus propios esfuerzos y sabiduría en lugar de un regalo del Dios del Cielo, era su autoengaño y negación directa de la revelación que Dios le había dado. Siete largos años desolados y vergonzosos llenos de locura y la pérdida de sus poderes de razonamiento fueron el alto precio que pagó por su locura. Lo aprendió de la manera difícil; lo peligroso que es creer en un engaño espiritual.

En caso de que se pregunten cuál es la conexión entre una sala de billar y una taberna, una falsa enseñanza engañosa, un joven tonto y un rey, procederé a conectar los puntos para ustedes.

A pesar de que, en una escala social mucho más pequeña, como lo fue para el rey Nabucodonosor así lo iba a ser conmigo. Yo también tuve que aprender por las malas lo peligroso que es creer en un engaño espiritual.

Como compartí con ustedes en la historia de mi vida en el capítulo dos, elegí vivir en la oscuridad de un engaño espiritual peligroso similar al del rey.

1. Ambos fuimos introducidos a la verdad de la Palabra de Dios.
2. Ambos elegimos ignorar la revelación que nos fue dada.

3. El rey creía que su vida y sus logros eran un resultado directo de sus esfuerzos y poderes personales. En otras palabras, podía vivir su vida sin Dios.

4. Yo también, como el rey, creía que podía vivir sin el poder de Dios.

5. El rey vivió su vida.

6. Viví la vida a mi manera

7. Ambos le dimos la espalda a la bondad del Señor y le robamos su majestuosa gloria y poder.

8. Ambos aprendimos por el camino difícil, por nuestras decisiones insensatas, cuán peligroso es creer en un engaño espiritual.

Esas son algunas de las similitudes entre la experiencia del rey y la mía, esos son algunos de los puntos que conectan a un joven tonto y a un rey, sin embargo, hay más, sin embargo, tengo que volver a la historia de mi vida para mostrar otras conexiones y similitudes.

Después de haber regresado a casa de Vietnam en 1967, todavía estaba en la flor de mi juventud y para un joven o cualquier otra persona, la guerra es una experiencia terrible y destructiva que le hará envejecer muy rápido. Experimenté el poder destructivo y la fuerza de la guerra de una manera muy personal. Perdí mucho en Vietnam, mi salud mental, mis poderes de razonamiento, mi autocontrol, mi fidelidad marital, mi capacidad para manejar el estrés, incluso la capacidad de cuidar de mis necesidades personales y la higiene.

Dios dice, la paga del pecado es alta y Él quiere decir lo que Él dice. "La paga del pecado es muerte." (Romanos 6:23)

Qué cosa tan terrible es, no nacer de nuevo, y saber acerca de Dios, pero no conocer a Dios.

Después de ese primer viaje al hospital en 1970, estaba empezando a darme cuenta de lo mucho que había perdido y de los serios problemas en los que ahora me encontraba. Ahora estaba lidiando con una terrible e incapacitante condición infligida sobre mí que los psiquiatras habían diagnosticado como PTSD - trastorno de estrés postraumático.

Durante las siguientes dos décadas, fui admitido, dado de alta y readmitido de nuevo en muchas instituciones médicas y mentales. Con no menos de diez hospitales diferentes, incluyendo la famosa Clínica Mayo y muchos médicos diferentes, todos con los mismos diagnósticos, sin cura conocida para el PTSD. Con los síntomas de aquellos que sufren de trastornos depresivos, el dolor implacable e interminable de dolores de cabeza, síntomas gripales enfermizos, depresión clínica, pesadillas llenas de horror que hacen que las noches sin dormir parezcan una eternidad, todo drenando las fuerzas de la vida fuera de mí.

Además de mi enfermedad incurable, tuve que lidiar con las consecuencias de anteriores elecciones tontas de mi crianza en la taberna y sala de billar de mi padre. Adicción al tabaco por fumar tres paquetes de cigarrillos al día, borracheras por abuso de alcohol, y ahora me encontraba probando más medicamentos recetados. Había estado intentando todo lo que pudiera para traer alivio a mi mente atormentada que ahora estaba en un estado de oscuridad que nunca había conocido antes. A pesar de estos medicamentos, alabo al Señor por los médicos temerosos de Dios que se preocuparon lo suficiente para tratar de ayudarme. Se necesitaron veintitrés largos años tumultuosos y llenos de dolor después de regresar a casa de Vietnam para finalmente descender al oscuro abismo del suicidio. El 5 de julio de 1991, hice lo impensable, intenté quitarme la vida.

(En un próximo capítulo llamado "Experimentando el Poder del Pecado" explico con gran detalle las lecciones aprendidas en esta horrible experiencia de suicidio. Por ahora, continuaré con la historia de mi vida.)

Había probado la amarga hiel de la vida, perdido, arruinado y devastado por tratar de vivir con una mente no iluminada. Fue un intento de vivir mi vida sin conocer y entender el poder de la Palabra de Dios. Vivir en un engaño como si la vida consistiera sólo en un carnaval gigante. El Señor tuvo que enviar a Su Ángel de nuevo en la misma misión que Él hizo por el rey. En una misión enseñar a este hombre obstinado y tonto la dolorosa pero necesaria lección del rey Nabucodonosor. La lección de un monarca cuyos poderes de razonamiento también fueron tomados de él por un Ángel enviado del Dios del cielo. La misma pero dolorosa lección necesaria, que es peligroso creer en un engaño espiritual. Que sí importa lo que creemos.

- Ni el rey ni yo nos comportamos como un hombre creado a imagen de Dios.
- El rey perdió su cordura y se volvió irracional durante siete años o siete tiempos pasando sobre él.
- Mi cordura y mis poderes de razonamiento se vieron afectados negativamente, a veces con resultados desastrosos durante veintitrés años pasando sobre mí.

Sin embargo, contra este telón de fondo de desesperanza, oscuridad y desesperación, un brillante rayo de esperanza atravesaba la densa oscuridad y penumbra. Ese glorioso rayo de luz era la verdad tal como es en la persona de Jesucristo.

En mi nuevo Libro, parece que oigo la voz de Cristo, diciéndome mientras leo un pasaje en el libro de Isaías.

Isaías 46: 9,10 Acordaos de las cosas antiguas: porque yo soy Dios, y no hay más; Yo soy Dios, y no hay otro como yo,
10 Declarando el fin desde el principio y desde los tiempos antiguos, las cosas que aún no se han hecho, diciendo: Mi consejo permanecerá, y haré todo lo que quiero.

Mi compasivo y amoroso Salvador había visto todo el tiempo, no sólo el comienzo de mi odisea aterradora, sino que también me estaba diciendo que mi tormentoso calvario tendría un fin. Esto me dio una gran esperanza y una expectativa anticipada de liberación.

Sin embargo, en mi nuevo Libro, también había otra lección que aprender mientras esperaba que el Señor me llevara al lugar de liberación. Los teólogos lo llaman discipulado. Trataré este tema en el próximo capítulo junto con mi experiencia con respecto al suicidio.

Por ahora, Cristo vio el vacío de entendimiento que resultaría de mi alejamiento de las enseñanzas de mi entrenamiento temprano en la iglesia.

Vio las semillas de una vida llena de pecado de lenguaje obsceno, alcohol, adicción a la nicotina, violencia, juego, prostitución, infidelidad marital y pornografía sembrada en mi infancia mientras trabajaba en la sala de billar y taberna de mi padre.

Vio vicios de toda imaginación maligna que se encontraría allí y todo ello sembrado en la mente de un joven que se criaba y trabajaba en la sala de billar y taberna de su padre. También vio la cámara de tortura llena de horror por la que estaba destinado a pasar como resultado de sus decisiones tontas.

Por cierto, me gustaría decir aquí en este punto, *que mi padre hizo lo que creía mejor para criarme y mantenerme, y lo honro por eso*, y tomo plena responsabilidad por las decisiones tontas que tomé como un hombre joven.

Sin embargo, Cristo continuó viendo que mi salud continuaba deteriorándose hasta que ya no podía funcionar de una manera normal o incluso cuidar de mis necesidades personales. Él vio mis débiles e inútiles intentos de obtener una cura por la vasta gama de psiquiatras compasivos, sicólogos, psicoterapeutas y médicos.

Me vio luchando mientras me admitían en centros de rehabilitación y desintoxicación, clínicas de manejo del dolor, y la lista continúa. Finalmente me vio llegar al final de toda mi fuerza humana, y resolver en mi desesperación tratando de tomar mi propia vida.

"No os engañéis; Dios no es escarnecido; porque todo lo que el hombre sembrare, eso también segará." (Gálatas 6: 7)

Él vio incluso mi vida y mi espíritu siendo aplastados fuera de mí. Él lo vio todos los veintitrés años antes de que ocurriera.

Sin embargo, Él también vio la victoria que Él había planeado todo el tiempo para darme, al final de esa larga prueba infernal de caminar como un hombre sabio mundano necio.

Capítulo 7

La Seguridad de la Victoria Venidera

Durante esa experiencia de pesadilla de esos veintitrés años sin fin, también leí en mi nuevo Libro cómo podía ser salvado sólo por la fe en Jesucristo y Su sacrificio. Y lo importante que es ser obediente a la voluntad de Su Padre. Discipulado como creo que lo llaman.

Romanos 3:21 – 24 Pero ahora la justicia de Dios sin la ley se manifiesta, siendo testificada por la ley y los profetas;
22 la justicia de Dios, que es por la fe de Jesucristo para todos y para todos los que creen; porque no hay diferencia:
23 Por cuanto todos pecaron, y están destituidos de la gloria de Dios;
24 Siendo justificados gratuitamente por su gracia, mediante la redención que es en Cristo Jesús

Hechos 16: 31 Y ellos dijeron: Cree en el Señor Jesucristo, y serás salvo, tú y tu casa.
Mateo 7:21 No todo el que me dice: Señor, Señor, entrará en el reino de los cielos; pero el que hace la voluntad de mi Padre que está en los cielos.

Después de haber entregado mi vida al Señor en esa fría mañana de diciembre en el piso de mi vieja camioneta Ford 65, comencé a sentarme a los pies de nuestro Señor (tiempo devocional). Dedicaba mi tiempo todos los días a estudiar Su Palabra con hambre de aprender todo lo que Él quería enseñarme. Me inició con la leche de Su palabra; perdón por los pecados de la necedad de mi juventud.

Isaías 1: 18 Venid ahora, y razonemos juntos, dice el Señor: aunque vuestros pecados sean como la escarlata, serán blancos como la nieve; aunque sean rojos como el carmesí, serán como lana.
I Corintios 6: 9,10 ¿No sabéis que los injustos no heredarán el reino de Dios? No os dejéis engañar: ni fornicarios, ni idólatras, ni adúlteros, ni afeminados, ni abusadores de sí mismos con los hombres,
10 Ni los ladrones, ni los avaros, ni los borrachos, ni los injuriosos, ni los estafadores heredarán el reino de Dios.
Romanos 3:12 Todos se desviaron, juntos se hicieron inútiles; no hay quien haga el bien, nadie.

Bueno, ciertamente caí en muchas de esas categorías, sin embargo, Él continuó diciéndome, en mi nuevo Libro:

I Juan 1:9 Si confesamos nuestros pecados, él es fiel y justo para perdonarnos nuestros pecados, y limpiarnos de toda maldad. Jesucristo me llevo a descubrir la maravillosa experiencia de Su sangre purificadora que lavó toda mi culpa y vergüenza por mis pecados. Y me devolvió mi inocencia infantil.

Como en la historia de Christian de Bunyan, el peso de la culpa y la vergüenza por todos los males que había cometido en mi vida se me cayó de la espalda y rodó hasta la boca del sepulcro.
¡Que alegría! ¡Qué maravilloso Salvador es Jesucristo nuestro Señor!

II Corintios 5:17 De modo que, si alguno está en Cristo, nueva criatura es; las cosas viejas pasaron; he aquí todas son hechas nuevas.

Juan 15:3 Ahora estáis limpios por la palabra que os he hablado.

Cristo también me dio un nuevo sentido de libertad que nunca había experimentado.

Santiago 1:25 Pero el que contempla la perfecta ley de la libertad y persevera en ella, no siendo un escucha olvidadizo, sino un hacedor de la palabra, este será bienaventurado en su obra. **Juan 8:32,36** Y conoceréis la verdad, y la verdad os hará libres. 36 Por tanto, si el Hijo os liberare, seréis verdaderamente libres.

También me condujo al glorioso milagro de Su poder transformador de la experiencia del nuevo nacimiento. Él me permitió saborear la ternura y el poder de Su amor eterno que proviene del sentido permanente de Su fuerza y cuidado. Por supuesto, ustedes que han aceptado a nuestro Señor Jesucristo, como su Señor y Salvador personal, saben de lo que estoy hablando, ¿no es así? Sé que no te voy a contar nada nuevo.

Sin embargo, tal como lo ha declarado Su Palabra, hará por nosotros mucho más de lo que pedimos o pensamos. El Señor Soberano del Amor y el Cielo no solo quería que yo recibiera bendiciones y gozo santo por recibir la leche de Su Palabra, eso es liberación y libertad de la culpa de mi pecado. También quería que, a través del estudio de Su Palabra, recibiera el gozo y la felicidad de estar libre de la esclavitud espiritual que proviene del poder del pecado.

¡Qué verdad tan gloriosa y liberadora es esta!

Por cierto, el hecho de que el Señor quiera dar Su victoria sobre el poder del pecado en nuestras vidas no nos hace sin pecado de ninguna manera.

I Juan 1:8 Si decimos que no tenemos pecado, nos engañamos a nosotros mismos, y la verdad no está en nosotros.

Si estas leyendo mi testimonio personal y nunca le has entregado tu vida a Jesucristo ni has nacido de nuevo, me gustaría extenderte la invitación para que lo hagas. Hay tres pasos sencillos que puedes seguir, tan simples como el abecedario pero eternamente profundos.

Primero: Aceptar- Elije aceptar a Jesucristo como tu Señor y Salvador personal. Recuerda que Jesucristo es una persona, no un hecho.

Juan 1:12 Pero cuando muchos lo recibieron, él les dio el poder de llegar a ser hijos (e hijas) de Dios, aún a los que creen en su nombre.

Segundo: Cree - Ejercita la fe que Dios te ha dado como un regalo gratis. Cree que eres un hijo de Dios, no por tu comportamiento o tu desempeño, sino porque Dios lo ha convertido en un hecho.

Hechos 16: 31 Cree en el Señor Jesucristo, y serás salvo....

En tercer lugar- Confiesa:

I Juan 4:15 Cualquiera que confiese que Jesús es el hijo de Dios, Dios habita en él y él en Dios.

Entonces, si ha tomado esos tres simples pasos, entonces es un hijo del Rey del Universo, lo desee o no. **¡Bienvenido al reino!**

Entonces, para continuar con mi testimonio, a pesar de todos los problemas, sufrimientos y desesperación en los que me encontraba diariamente, estaba aprendiendo la verdad liberadora, día a día y hora a hora, leyendo y estudiando la Palabra de Dios por mí mismo.

Mientras leía y estudiaba con espíritu de oración mi nuevo Libro, encontré escrituras gloriosas y alentadoras como estas:

Isaías 43:1-2 Pero ahora así ha dicho Jehová, que te creó, oh, Jacob, y el que te formó, oh, Israel: No temas; porque yo te redimí, te llamé por tu nombre; tú eres mío.

2 Cuando pases por las aguas, yo estaré contigo; y los ríos, no te desbordarán; cuando pases por el fuego, no te quemarás; ni la llama se encenderá sobre ti.
Salmos 91:15 Me invocará, y yo le responderé; *estaré con él en la angustia; Lo libraré* y lo honraré.
Salmos 37:4-5 Deléitate también en Jehová, *y él te concederá las peticiones de tu corazón.*
5 Encomienda tu camino al Señor; confía también en él, y él lo hará.
Salmos 32:7 *Tú eres mi escondite; me preservarás de la angustia; me rodearás con cánticos de liberación.*
Deuteronomio 7:9 Conoce, pues, que Jehová tu Dios, él es Dios, el Dios fiel, que guarda el pacto y la misericordia con los que le aman y guardan sus mandamientos hasta mil generaciones;
Deuteronomio 8:6 Por tanto, guardarás los mandamientos de Jehová tu Dios, andando en sus caminos y temerás a él.

A través de todos estos textos me pareció escuchar al Señor decirme a través de su Espíritu Santo:

"*Dan, pasaré por esto contigo y te libraré. Nunca te dejaré ni te desampararé. Solo confía en Mí y no abandones tu amor y compromiso conmigo*"

A través de Sus palabras de mi nuevo Libro, parecía estar diciendome:

"Quiero enseñarte cómo vencer al enemigo de tu alma y tu felicidad. Te daré el poder de vencer a quien te ha infligido esta oscuridad y este sufrimiento espiritual y físico". Comencé a preguntarme: "¿Fue la comprensión correcta de Su Palabra la clave para mi sanidad?"

A continuación, el Señor me guio a los siguientes textos y me promete ayudarme a comprender cómo me iba a ayudar a obtener esa llave. Habilitándome y dándome poder con Su Espíritu Santo para vencer al enemigo del alma.

Isaías 54:17 Ninguna arma forjada contra ti prosperará, y toda lengua que se alce contra ti en juicio tú condenarás. Esta es la heredad de los siervos del Señor, y su justicia viene de mí, dice el Señor.

Deuteronomio 28:13 Y te pondrá Jehová por cabeza, y no por cola, y estarás arriba, y no estarás abajo; si escuchas los mandamientos del Señor tu Dios, que yo te ordeno hoy, que los guardes y los cumplas.

Salmos 56:9 Cuando yo clame a ti, mis enemigos se volverán; esto yo sé; porque *Dios es para mí.*

Deuteronomio 28:10 Y verán los pueblos de la tierra que el nombre del SEÑOR te llama, y te temerán.

Lucas10:19 He aquí *os doy potestad* de hollar serpientes y escorpiones, y *sobre toda fuerza del enemigo*, y nada os dañará.

Apocalipsis 12:11 Y *lo vencieron por la sangre del cordero y por la palabra de su testimonio,* y no amaron sus vidas hasta la muerte.

En Su palabra, lo escuché decirme: *"Te enseñaré cómo vencer al gran adversario de tu gozo y felicidad: por la sangre del cordero".*

El Señor también me dijo a través de Su Palabra:

Apocalipsis 2:7,11,17,26, El que tiene oído, oiga lo que el Espíritu dice a las iglesias; *Al que venciere,* le daré de comer del árbol de la vida, que está en medio del paraíso de Dios

11 El que tiene oído, oiga lo que el Espíritu dice a las iglesias; *El que venciere,* no sufrirá daño de la segunda muerte.

17 El que tiene oído, oiga lo que el Espíritu dice a las iglesias; Al que venciere, le daré de comer del maná escondido y le daré una piedra blanca y en la piedra, nuevo nombre está escrito, que nadie conoce sino el que lo recibe.

26 Y *al que venciere* y guardare mis obras hasta el fin, yo le daré poder sobre las naciones;

Apocalipsis 3:5,11,12-22 *El que venciere* será vestido de ropas blancas, y no borraré su nombre del libro de la vida, sino que confesaré su nombre delante de mi Padre, y antes sus ángeles.

11 He aquí, vengo pronto; retén lo que tienes, para que nadie tome tu corona.

12 *Al que venciere,* le haré columna en el templo de mi Dios, y no saldrá más; y escribiré sobre él el nombre de mi Dios, y el nombre de la ciudad de mi Dios, la nueva Jerusalén, que descendió del cielo de mi Dios; y escribiré sobre él mi nuevo nombre.
21 *Al que venciere,* le concederé sentarse conmigo en mi trono, como yo también vencí, y estoy sentado con mi Padre en su trono.
22 El que tiene oído, oiga lo que el Espíritu dice a las iglesias.

Entonces, estaba claro para mí que el Señor había querido enseñarme cómo vencer al adversario de mi alma. Quería darme la victoria sobre el terrible dilema mental y espiritual en el que me encontré después de la guerra.

Pero ¿cómo funciona eso en un sentido práctico?, me pregunté: "¿Cómo se traduce eso en la realidad?" ¿Cómo puedo pasar de las palabras de las páginas de mi nuevo Libro a la liberación que esas palabras me ofrecían?

Necesitaba una respuesta a estas preguntas.
Mi mente me llevó de regreso a ese frío día de diciembre en Betsy:

"Y respondiendo Jesús, les dijo:
tengan fe en Dios. Porque de cierto os digo que cualquiera
que diga a este monte: Muévete y échate en el mar; y no
dudará en su corazón, sino que cree que lo que dice
puede llegar a suceder tendrá todo lo que diga.
Por tanto, os digo que todo lo que deseéis, cuando oréis,
creed que lo recibiréis, y lo tendréis."

San Marcos 11: 22-24
Debo ejercer fe en el poder de la Palabra de Dios y creer que lo que me dice es verdad. *Lo que Dios promete que hará; ¡El lo hará!*

Este era el rayo de luz que atravesaría mi oscurecido entendimiento de la Palabra de Dios. Este fue el gozo santo y sagrado recibido de Cristo que no solo me libró de toda la culpa y vergüenza de mis pecados anteriores, sino que *ahora me libraría de la esclavitud espiritual que vino como resultado del poder de esos pecados.* ¡Gloria y honor a Su Santo Nombre! Alabado sea mi Salvador con santo gozo por Su maravillosa bondad y la bendita seguridad de la salvación.

¡Bendita seguridad que Jesús es mío!
¡Oh, qué anticipo de la gloria divina!
Heredero de la salvación, compra de Dios,
Nacido de Su Espíritu, lavado en Su Sangre.

Capítulo 8

Experimentando el poder y las consecuencias del pecado
(Caminando con Christian en el Valle de la Sombra de la Muerte)

Como se compartió en el capítulo anterior, la fe fue la clave que abrió los misterios de Dios. Sin embargo, necesitaba más que fe, también necesitaba la sabiduría y el entendimiento que Dios me había prometido en mi nuevo Libro.

> **Proverbios 2:1-5** Hijo mío, si recibes mis palabras y escondes mis mandamientos contigo;
> **2** Para que inclines tu oído a la sabiduría, y apliques tu corazón al entendimiento;
> **3** Sí, si clamas por conocimiento, y alzas tu voz por entendimiento;
> **4** Si la buscas como a plata, y la buscas como tesoros escondidos;
> **5** Entonces comprenderás el temor del Señor y hallarás el conocimiento de Dios.
> **6** Porque el Señor da sabiduría; de su boca sale conocimiento y entendimiento.
> **Santiago 1:5** Si alguno de vosotros tiene falta de sabiduría, pídala a Dios, que da a todos abundantemente y sin reproche (sin reproche); y le será dado.

La razón por la que necesitaba más sabiduría y comprensión era que a pesar de dedicar mi vida al Señor Jesucristo en el piso de "Betsy" en esa fría mañana de diciembre de 1973, este asunto de estar libre de problemas mentales, la esclavitud espiritual y la opresión seguían eludiéndome.

Mis problemas mentales empeoraron con el tiempo. Ahora había llegado a un lugar dieciséis años después en el que ya no podía ser lucrativamente empleado (así es como lo expresó el médico). Y ya no podía mantenerme económicamente.

Esa sorpresa y conmoción se produjo después de que descubrí esa llave mística que abrió una nueva dimensión espiritual para mí. Sin embargo, nunca dejó de ser solo eso, un shock sorprendente para los próximos veintitrés años aparentemente interminables. Tenía en mi juventud, sembrada al viento y iba a cosechar un torbellino.

Sin embargo, mientras estudiaba mi nuevo Libro todos los días, el Espíritu Santo continuó guiándome.

I Corintios 2:10 Pero Dios nos las reveló a nosotros por el Espíritu; porque el Espíritu todo lo escudriña, aún lo profundo de Dios.

No solo me condujo a la historia del Rey Nabucodonosor en el Antiguo Testamento, sino también a otra historia que descubrí en el Nuevo Testamento. Una historia en la que también pude reconocer algunas similitudes con mi vida.

Esta revelación fue más aterradora para mí que la anterior de las similitudes con el rey de Babilonia.

Era la historia del endemoniado que se encuentra en el evangelio de Marcos, capítulo 5. Al igual que la historia del rey Nabucodonosor, no todos los aspectos de la historia pertenecen a mi testimonio. Sin embargo, como hice en la historia del Rey, quiero compartir con ustedes toda la narrativa bíblica y luego resaltar las similitudes con mi experiencia.

Marcos 5: 1-20 Y pasaron al otro lado del mar, a la tierra de los gadarenos.
2 Y cuando él salió del barco, inmediatamente le salió al encuentro de los sepulcros *un hombre con un espíritu inmundo,*
3 Que tenía su morada entre los sepulcros; y nadie podía atarlo, no, no con cadenas:
4 *Porque muchas veces lo habían atado con grilletes y cadenas,* y él había arrancado las cadenas y roto en pedazos los grilletes; nadie podía domesticarlo.

5 Y siempre, día y noche, estaba en los montes y en los sepulcros, llorando y cortándose con piedras.
6 *Pero cuando vio a Jesús de lejos, corrió y lo adoró,*
7 Y clamó a gran voz, y dijo: ¿Qué tengo yo contigo, Jesús, Hijo del Dios Altísimo? Te conjuro por Dios que no me atormentes.
8 *Porque le decía: Sal de este hombre, espíritu inmundo.*
9 Y le preguntó: ¿Cómo te llamas? Y él respondió diciendo: *Legión me llamo, porque somos muchos.*
10 Y le rogaba mucho que no los echara fuera del país.
11 Y cerca de los montes había una gran piara de cerdos que pastaba.
12 Y le rogaban todos los demonios, diciendo: Envíanos a los cerdos para que entremos en ellos.
13 Y enseguida *Jesús les dio permiso. Y salieron los espíritus inmundos* y entraron en los cerdos; y la manada corrió violentamente por un empinado hacia el mar (eran como dos mil) y se ahogaron en el mar.
14 Y los que alimentaban a los cerdos huyeron y lo contaron en la ciudad y en el campo. Y salieron a ver qué se hacía
15 Y vinieron a Jesús, *y vieron al endemoniado*, y tenía la legión, sentado, vestido y *en su sano juicio*; y tuvieron miedo.
16 Y los que lo vieron, les contaron cómo le había sucedido al endemoniado, y también acerca de los cerdos.
17 Y comenzaron a rogarle que se fuera de sus territorios.
18 Y cuando llegó a la barca, el que había sido poseído por el diablo le rogaba que pudiera estar con él.
19 Pero Jesús no lo permitió, sino que le dijo: Ve a casa de tus amigos y cuéntales cuán grandes cosas ha hecho el Señor por ti, y se ha compadecido de ti.
20 Y partió y comenzó a publicar en Decápolis *las grandes cosas que Jesús había hecho por él*; y todos se maravillaban.

Marcos 5:2 Le salió al encuentro (Cristo) un hombre (Dan) con un espíritu inmundo:
 Como les conté al comienzo de mi testimonio, conocí a Jesucristo en el piso de mi camioneta Ford 1965. Eso fue el 7 de diciem-

bre de 1973. Anteriormente tuve un "colapso mental" diagnosticado como "neurosis de guerra" o "PTSD" en el verano de 1970.

Mis registros médicos dan testimonio de mi condición de discapacidad progresiva. Los diagnósticos médicos de mi incapacidad mental también fueron al mismo tiempo un indicador de mis problemas espirituales. *En términos bíblicos, un hombre que está loco es un hombre con un espíritu inmundo.*

Cuando me trajeron esta verdad, me horroricé. Durante muchos años me negué a aceptar que yo, que había entregado mi vida y mi corazón a Jesucristo y cuyos pecados fueron perdonados, pudiera estar poseído por espíritus demoníacos.

La profundidad de mi ignorancia de mi engaño espiritual y la condición con respecto a la verdad bíblica me costó muchos años adicionales de esclavitud espiritual. Cuando conocí a Cristo, yo era un hombre con un espíritu inmundo. Tenía que aprender que los espíritus demoníacos estaban causando estragos en mi vida de recién nacido de nuevo.

Marcos 5:4 Porque muchas veces lo habían atado con grilletes y cadenas:

Les he contado cómo estaba confinado a instituciones mentales. No solo detrás de ventanas enrejadas y puertas cerradas, sino también químicamente. Es una experiencia verdaderamente reveladora y difícil.

Marcos 5:5 Cortándose a sí mismo:

En el Progreso del Peregrino, Christian llegó a un lugar llamado "el valle de sombra de muerte" después de pasar por el "valle de la humillación".

"Ahora Christian debe atravesarlo para que el camino a la Ciudad Celestial lo atraviese. Aquí, al pobre Christian le fue difícil hacerlo. Aquí, en este valle de sombra de muerte, Dan tuvo dificultades para hacerlo."

La noche del 5 de julio de 1991 hice lo impensable. Intenté quitarme la vida cortándome la muñeca con un cuchillo. Cuando eso no funcionó, tomé una sobredosis masiva de medicamentos recetados, lo que me sumió en un coma profundo y casi me costó la vida.

Si no fuera por la intervención directa del Señor, una llamada telefónica de emergencia de mi exesposa, algunos profesionales y bien capacitados paramédicos y personal del hospital, no estaría aquí hoy compartiendo este testimonio de la bondad y la amabilidad del Señor con ustedes. Quiero alabarlo a Él, mi Señor y Salvador, y agradecer a cada uno de los involucrados por el papel que desempeñaron en mi rescate del borde de la muerte.

Mientras estamos en esta parte de mi testimonio, quiero aprovechar esta oportunidad para compartir con ustedes este asunto del suicidio. ¿Alguna vez has escuchado el dicho, "las cosas no siempre son lo que parecen"? Descubrí la verdad de esta afirmación en mi experiencia de suicidio.

Cuando era joven, a menudo había leído o visto retratados en películas personas desesperadas e impotentes que se quitaban la vida. Recuerdo una escena en la que una hermosa joven en una noche oscura e iluminada por la luna caminaba con los ojos vidriosos y la cara de piedra hacia las olas entrantes que rompían en la playa del océano y se ahogaba.

A menudo me pregunte cómo podía una persona estar en tal estado de ánimo. Al sentir las olas del mar salpicando sobre ella y escuchar el rugir de esas olas, ¿toma la decisión consciente de respirar agua en lugar de aire? ¿Cómo se puede pasar por ese proceso y luego seguir adelante con esa decisión?

Me preguntaba, ¿habría un poder siniestro poseyéndola y controlando sus acciones?

Después de mi experiencia personal con esta tragedia traumática de intentar la muerte auto infligida, he adquirido una visión de una experiencia que desearía no haber ganado. Sin embargo, dado que no puedo cambiar el pasado y ahora tengo esta información, me gustaría compartirla contigo para tu beneficio. Dios no quiera que alguna vez la necesites. Fue así:

Primero que nada, no fue planeado. No pensé de antemano cómo se llevaría a cabo. No había escrito ninguna nota de suicidio para dejar atrás explicando cómo o por qué.

El acto en sí me tomó por sorpresa. Las palabras no pueden expresar la profundidad de la desesperación humana que, para entonces veintitrés años de sufrimiento diario, por hora, semanal, anual con esta terrible aflicción me habían traído a mí también. Finalmente me llevaron al lugar donde ya no tenía la fuerza interior para luchar contra él.

Estaba tratando de sacar fuerza de mi pozo de fuerza interna con un cubo que se arrastraba contra el fondo de roca dura. Tirando nada más que el vacío. No me quedaba nada para luchar valientemente contra este abrumador dilema en el que me encontraba.

Junto con mi creciente condición de discapacidad, ahora tenía que enfrentar la realidad espiritual de la posesión demoníaca. Esa comprensión, con la incapacidad de seguir luchando contra ella, permitió que el peso de la desesperación aplastara el deseo de vivir que me quedaba. Estaba indefenso contra eso. Lo que sucedió a continuación puede parecer increíble, pero así es como sucedió. Esta es la forma en que experimenté el incidente.

Ahora estaba postrado en la cama, luchando con el dolor y el sufrimiento de todos esos años acumulados, cuando de repente la pesadez del peso de la desesperación se apoderó de mí como una apisonadora de asfalto gigante exprimiendo esa maravilla mística llamada vida fuera de mi propio ser. Entonces vi y sentí el poder de la vida atrapado en un vórtice gigante y ser vaciado de mí.

La ilustración más cercana que se me ocurre sería como un pequeño barco girando en un vórtice de un remolino gigante en medio del océano. Estaba completamente indefenso para evitar que sucediera.

Tan pronto como el poder de la vida me abandonó, un espíritu maligno apareció frente a mí y luego tomó posesión completa de mí, ejerciendo su autoridad sobre mí. Más tarde me enteré de que su nombre era Suicidio.

Por ese momento, solo supe que era completamente impotente contra él y que estaba sujeto a su autoridad y poder. El poder del pecado y sus consecuencias estaban a punto de envolverme.

Lo primero que me ordenó hacer fue tomar el cuchillo pequeño que tenía allí y cortarme las muñecas (solo lo usaba como abrecartas porque estaba muy desafilado). Si no hubiera sido tan serio, este próxima parte parecería graciosa (lo entiendo si vuelves a reír).

Comencé a razonar con la criatura y le dije "ese cuchillo no cortaría una mantequilla caliente", entonces, ¿a quién estaba engañando? Me dijo con una voz muy autoritaria que lo hiciera de todos modos. No tenía poder para resistir su autoridad, así que comencé a cortarme las muñecas y, como estaba predicho, solo estaba cortando mi piel superficialmente sin llegar a las arterias principales.

Recuerdo haberle dicho "mira, traté de decírtelo", pero él respondió "sigue cortando", así que lo hice.

Después de que se hizo evidente que realmente no podía dañarme seriamente de esta manera, el espíritu demoníaco llamado Suicidio exigió que mirara hacia el piso donde mi maletín estaba abierto. Dentro había frascos de medicamentos de todo tipo, incluidos tranquilizantes, estimulantes, calmantes, somníferos y analgésicos narcóticos que había acumulado a lo largo de los años.

Los miré como él me había dicho que hiciera, luego me ordenó "coge todos los frascos de medicamentos uno por uno y tómalos todos". Recuerdo que le dije con asombro "¿todos? ¡Eso me matará! " Él dijo: "Lo sé".

Así que hice lo que me había mandado. No puedo expresarte la sensación surrealista que estaba experimentando en ese momento. Simplemente no parecía real que no tuviera poder para resistir sus órdenes. Estaba completamente sujeto a su autoridad.

No puedo compartir con ustedes cuántas pastillas tomé, pero fue suficiente para completar la tarea que me encomendaron. Empecé a sentir que me deslizaba hacia una profunda oscuridad. Justo antes de perder el conocimiento, solo por la gracia de Dios logré levantar el teléfono y llamar de larga distancia a mi esposa que no estaba allí en ese momento. Apenas pude decirle lo que hice. Antes de que pudiera explicar más de lo que había sucedido, me deslicé en la oscuridad que me envolvía.

Llamó a los paramédicos y vinieron y me llevaron al hospital. Cuando llegaron a la casa, yo estaba en coma profundo.

Gracias a la gracia del Señor, a mi exesposa y a esos paramédicos profesionales y cariñosos y a los médicos y técnicos de la sala de emergencias, puedo compartir este testimonio con ustedes en este librito.

Mi vida se había salvado y el resto de la historia ya la saben, ya que la compartí con ustedes en la parte de introducción de este libro. **¡A Jesucristo sea la gloria por las grandes cosas que ha hecho!**

Como le dije a la enfermera de mi médico, "Cristo estaba conmigo antes de esta experiencia. Cristo estaba conmigo, en y a través de esta experiencia, y Cristo todavía estaba conmigo cuando salí de la experiencia". De hecho, salí de la experiencia con una nueva confianza en mi amor y relación con el Señor.

Romanos 8:35-39 ¿Quién nos separará del amor de Cristo? ¿Será la tribulación, la angustia, la persecución, el hambre, la desnudez, el peligro, o la espada?
36 Como está escrito: Por tu causa somos muertos todo el día; somos contados como ovejas para el matadero.
37 No, en todas estas cosas somos más que vencedores por medio de aquel que nos amó.
38 Porque estoy seguro de que ni la muerte, ni la vida, ni ángeles, ni principados, ni potestades, ni lo presente, ni lo por venir,
39 Ni lo alto, ni lo profundo, ni ninguna otra criatura nos podrá separar del amor de Dios, que es en Cristo Jesús Señor nuestro.
(Ni siquiera si es la horrible criatura demoníaca de Suicide).

El Señor y mi relación con Él se mantuvieron intactos durante toda la prueba. Porque cuando llegué al final de mis recursos y esperanza; ese fue el lugar donde encontré su realización más brillante. ¡Alabado sea! ¡Alabado sea! ¡Alabado sea!

¡Alabado sea! ¡Alabado sea! ¡Jesús nuestro bendito Redentor!
¡Canta, tierra, proclama su maravilloso amor!
¡Dios te salve! ¡Dios te salve! arcángeles más altos en la gloria;
¡Fortaleza y honra da a su santo nombre!

Por eso dije antes "las cosas no siempre son como parecen". Parecía que planeé y me suicidé. Sin embargo, no fue un intento de suicidio, fue un asesinato espiritual, el resultado de la consecuencia de creer en un engaño espiritual que despojó a la Palabra de Dios de su glorioso poder.

Verás, creer la verdad versus creer en un engaño es un asunto serio. Lo sé y lo aprendí de la manera más difícil. Pero, como me dijo una vez una santa y anciana de cabello gris, "la experiencia es un maestro duro, pero entrega los bienes".

El Señor me había enseñado por experiencia, el poder y las consecuencias del pecado.

Capítulo 9

Experimentando el poder y las consecuencias de la victoria
(Victoria sobre Apollyon)

> **Marcos 5:6** Pero cuando vio a Jesús de lejos, corrió y le adoró.

La siguiente parte de mi testimonio es difícil de expresar y explicar. ¿Cómo adora y tiene comunión con Dios una persona poseída por espíritus demoníacos? "¿Cómo podría tener el mismo problema?

Seguí haciéndome la pregunta ¿Qué le pasa a este endemoniado del evangelio de Marcos desde que antes le había entregado mi vida al Señor Jesucristo?

Me aterrorizaba pensar en las similitudes que vi y experimenté en esta historia del Evangelio.

Luego, el Señor me recordó otra escritura en mi nuevo Libro.

> **Gálatas 6:7** No os dejéis engañar; Dios no puede ser burlado: porque todo lo que el hombre siembra, eso también segará.

Escuché al Señor darme una respuesta a mi pregunta honesta y llena de oración sobre este pasaje de las Escrituras y por mi experiencia. Me estaba diciendo POR QUÉ NO ACTÚA, siempre de la forma en que pensamos que actuará. En mi caso, fue porque "me había entregado en manos del enemigo mientras crecía en el salón de billar y la taberna de mi padre y le había dado al adversario el derecho absoluto de oprimirme y poseerme". Yo había sembrado al viento y debo cosechar el torbellino con esa decisión tantos años.

Sin embargo, también lo escuché decirme ...

"Dan, pasaré por esto contigo y te libraré. Nunca te dejaré ni te abandonaré. Solo confía en Mí y no abandones tu amor y compromiso conmigo".

Me hubiera gustado decir que era como un Job justo.

El Señor permitió que el adversario lo atacara para probar su fidelidad y lealtad a Dios. Pero tengo que admitir la estupidez de mi decisión personal y debo reconocer la responsabilidad de esa decisión. Sin embargo, el Señor, en Su gran sabiduría y compasión, usó la necedad de esa decisión para poner a prueba mi amor y fidelidad hacia él después de que le di mi corazón tantos años después en el piso de esa vieja camioneta Ford.

Sin embargo, en Su gran misericordia y amor, me soportó mucho y cumplió otra promesa que me hizo en mi *nuevo Libro*.

I Corintios 10:13 No os ha sobrevenido ninguna tentación que no sea común a los hombres; pero fiel es Dios, que no permitirá que seáis tentados más de lo que podáis; pero con la tentación también abriréis un camino de escape, para que podáis sobrellevarla.

Así que, el Señor no solo me libró del tormento y la tortura de mi mente, sino que también usó los ataques del adversario contra mí para mi bien y beneficio. ¿Como hizo el eso? Utilizando mi pesadilla viviente de veintitrés años para iluminar mi mente, aclarando conceptos erróneos que tenía sobre la verdad espiritual. Llenar mi mente con Su sabiduría y comprensión con respecto a estos temas profundos de la vida, señalando mi engaño espiritual de que Su Palabra había sido despojada de su poder en mi vida. ¡Su sabiduría me enseñaría a recuperar ese poder y me haría alabar Su Nombre, Su Sabiduría, Su Poder y Su Fortaleza!

San Marcos 5: 8,9,13
8 Porque le decía: Sal de este hombre, espíritu inmundo.
9 Y le preguntó: ¿Cómo te llamas? Y él respondió diciendo, me llamo Legión, porque somos muchos.
13 Jesús les dio permiso. Y salieron los espíritus inmundos.

Mientras Christian continuaba su viaje a la Ciudad Celestial, se encontró en su camino con una criatura diabólica llamada "Apollyon". Era un monstruo espantoso, repugnante y desdeñoso. Yo también tuve un encuentro con mi propio "Apollyon" personal.

La siguiente parte de mi testimonio serán los "tornillos y tuercas", por así decirlo, de cómo el Señor Jesucristo a través del Espíritu Santo me liberó de los espíritus demoníacos (mi "Apollyon" junto con el Suicidio) que estaban causando estragos y desesperación en mi vida. Lo comparto contigo, esperando que pueda ayudarte con tu encuentro con tus propios demonios personales

A pesar de que todavía estaba confundido acerca de cómo traducir mi nueva fe en la Palabra de Dios, lo siguiente me dio esperanza.

Creyendo que recibiría
lo que creí que recibiría,
si tan solo creyera, lo recibiría.
¡Consíguelo!

Pero necesitaba entender este asunto de vencer por la sangre del cordero. Así que llevé el asunto al Señor en oración.

En Su misericordia por mi ignorancia y Su Providencia, envió a mi vida a un ministro jubilado que me guio en el tema. Como resultado de seguir su sabio consejo, llegué a comprender que el poder para vencer esta influencia espiritual demoníaca en mi vida era ejercitar la fe. Una fe en la sangre del Hijo de Dios que fue derramada por mí en el Calvario hace dos mil años. En otras palabras, así como había creído que la sangre de Cristo limpió mi corazón de la culpa de mis pecados anteriores y futuros, necesitaba creer que la fe en Su sangre me limpiaría del poder del pecado. Ese mismo poder debe ser ejercido contra las terribles fuerzas demoníacas que trabajan para destruir mi felicidad y mi vida.

Entonces mis oraciones ahora tomaron la forma de una oración de guerra espiritual, algo como esto. Con voz audible, diría:

"Tú espíritu maligno y demoníaco, eres el adversario del Señor Jesucristo. Cristo te reprende y yo ejerzo Su autoridad sobre ti y traigo

Su sangre contra ti. ¡Dejarás mi presencia y no me atormentarás más!
"Luego oré: "Padre Celestial, ¿quieres que tus santos ángeles aten este espíritu maligno y lo aparten de mí? Te lo pido en el nombre del Señor Jesucristo".

Entonces ejercitaría mi fe creyendo que Sus ángeles harían lo que Él les ordene y el espíritu maligno me dejaría. Y cuando se fueron, lo hicieron de diferentes formas. Como algunos de los relatos bíblicos, algunos se fueron gritando, algunos amenazando, algunos haciendo que mi cuerpo se convulsionara o mi boca salivara y echara espuma. Algunos gritaban burlonamente y maldecían a Dios con gran enojo y suplicaban que los dejaran en paz.

Marcos 5:13 Jesús les dio permiso y los espíritus inmundos salieron - ¡LOS 300!

Entonces, a pesar de la batalla que tuve con los espíritus malignos y con el espíritu de suicidio en mi "valle de humillación" personal, seguí aferrado a mi espada espiritual (la palabra de Dios) y mi nueva fe.

Efesios 6:16-17 Sobre todo, tomando el escudo de la fe, con el cual podrás apagar todos los dardos de fuego de los impíos. 17 Y toma el yelmo de la salvación, y la espada del Espíritu, que es la palabra de Dios.

Cada vez que hacía esta oración de guerra, tan pronto como un espíritu demoníaco se marchaba, otro se manifestaba y todo el proceso comenzaba de nuevo. Mediante la oración y el ayuno, este proceso continuó sin parar durante ocho días agotadores y ocho noches de insomnio.

Miqueas 7:8 No te regocijes contra mí, enemigo mío; cuando caiga, me levantaré; cuando me siente en tinieblas, el SEÑOR será mi luz.
Romanos 8:37 No, en todas estas cosas somos más que vencedores por medio de Aquel que nos amó.

El Señor Jesucristo, bajo el poder de Su sangre derramada, ganó el día, y una pesadilla viviente de veintitrés años terminó y yo fui liberado de una horda de espíritus demoníacos que fueron vencidos ese día feliz, los trescientos de ellos. Me invadió la paz y la sensación de bienestar que era celestial. ¡Alabado sea su glorioso nombre!

Apocalipsis 12:11 Y lo vencieron por la sangre del cordero y por la palabra de su testimonio;

***

¡Todos aclamen el poder del nombre de Jesús!
Que caiga postrado el ángel;
Sacad la diadema real y coronadlo, Señor de todo;
Trae la diadema real y corónalo como Señor de todo.
Salve al que nos salva por su gracia, y corónalo como Señor de todo.

Esa semana memorable y esa experiencia terminaron el 17 de junio de 1993. El Señor cumplió Su promesa cuando me dijo años antes: *"Te enseñaré cómo vencer al gran adversario de tu gozo y felicidad por la sangre del cordero."*

Sin embargo, a pesar de la gloriosa victoria que Cristo me había dado, descubrí que se trataba de un proceso continuo. El archienemigo de nuestra alma y nuestro bienestar no se rendirá tan fácilmente.

Una vez más, me sorprendió porque pensé que después de la poderosa victoria que el Señor me había dado, todos sus ataques y opresiones terminarían. Uh-uh.

Los ángeles malignos (demonios) todavía se apiñan a mi alrededor presionando la oscuridad sobre mí, tratando de apartar a Jesús de mi vista. Su objetivo es llevarme a enfocarme en los continuos problemas y acosos y llevarme a desconfiar de Dios y volverse amargo hacia Él por permitir que el enemigo me traiga tantos problemas y problemas.

Jesús cuenta la historia llena de sabiduría del cielo. La historia va así:

Mateo 12: 43-45 Cuando el espíritu inmundo sale del hombre, anda por lugares secos, buscando descanso, y no lo encuentra.

44 Entonces dice: Volveré a mi casa de donde salí; y cuando llega, la encuentra vacía, barrida y adornada.

45 Entonces va, y toma consigo otros siete espíritus peores que él, y entran y habitan allí; y el último estado de ese hombre es peor que el primero. Aun así, será también para esta generación malvada.

He descubierto que mi única seguridad es mantener mi mente fija en el Señor Jesucristo pasando constantemente tiempo devocional, concentrando mi mente en Él y no en los problemas, el dolor o la aflicción. Los ángeles de Cristo se han encargado de nosotros y continuamente están agitando sus alas sobre nosotros para esparcir y disipar la densa oscuridad.

Los ángeles se apresuran a ayudarnos mientras continuemos perseverando en nuestra lucha para pedir ayuda y liberación a Dios.

Juan 15: 4-5 Permaneced en mí y yo en vosotros. Como el pámpano no puede dar fruto por sí mismo si no permanece en la vid; vosotros tampoco podéis, si no permanecéis en mí.
5 Yo soy la vid, vosotros los pámpanos: el que permanece en mí, y yo en él, ése da mucho fruto; porque sin mí nada podéis hacer.

¿Cuánto es nada? ¡Eso es "0" con el peeling eliminado! El esfuerzo humano es inútil al combatir las fuerzas demoníacas. Solo Cristo, a través de la angustia del Espíritu Santo, debe ganar el día. Debemos elegir por fe dejar que Él logre lo que no podemos hacer, y eso no siempre es fácil de lograr. **(Zacarías 4: 6)**

Los ángeles malvados de Satanás todavía me rodean, causándome mucho sufrimiento y angustia. Pero ahora no tienen poder sobre mí, porque he obtenido la victoria que me fue dada gratuitamente por la gracia y la justicia de nuestro Señor y Salvador Jesucristo. Me ha revestido con la armadura de Dios y me ha dado poder para resistir el poder espiritual del mal del enemigo. ¡El gozo del Señor es ahora mi fuerza!

Efesios 6:10-18 Finalmente, hermanos míos, sed fuertes en el Señor y en el poder de su fuerza.

11 Vestíos de toda la armadura de Dios, para que podáis resistir las artimañas del diablo.

12 Porque no luchamos contra sangre y carne, sino contra principados, contra potestades, contra los gobernantes de las tinieblas de este mundo, contra la maldad espiritual en las alturas.

13 Por tanto, tomad toda la armadura de Dios, para que podáis resistir en el día malo, y habiendo terminado todo, estar firmes.

14 Estad, pues, firmes, ceñidos vuestros lomos con la verdad, y vestidos con la coraza de justicia;

15 Y calzados los pies con el apresto del evangelio de la paz;

16 Sobre todo, tomando el escudo de la fe, con el cual podréis apagar todos los dardos de fuego de los impíos.

17 Y toma el yelmo de la salvación, y la espada del Espíritu, que es la palabra de Dios.

18 Orando siempre con toda oración y súplica en el Espíritu, y velando en ello con toda perseverancia y súplica por todos los santos;

Desde ese glorioso milagro del 17 de junio de 1993, el Señor ha seguido prometiéndome otro de Sus maravillosos milagros que se encuentra en el libro de Jeremías:

Jeremías 30:17 Porque te devolveré la salud, y te curaré de tus heridas, dice Jehová.

Este milagro también ha sido un proceso largo y continuo, que ya dura cuarenta y siete años. Así como el maligno le hizo a Cristo después de Su victoria en el desierto, acosando, oprimiendo y desafiando cada paso que Él avanzaba en la vida, así fue también en mi experiencia. Hasta el día de hoy, todavía tengo que luchar y lidiar con las consecuencias difíciles que resultan de mi mal uso de medicamentos que alteran la mente. La fe me permite continuar. No lo hace fácil, pero lo hace posible.

I Timoteo 6:12 Pelea la buena batalla de la fe, echa mano de la vida eterna, a la cual también eres llamado, y has profesado una buena profesión ante muchos testigos.

Porque he hecho daño a mi cuerpo y cerebro con tantas sobredosis y tantos años de medicación narcótica.

Una vez más, debido a Su misericordioso amor y su gran poder, en lugar de acostarme en una cama de hospital, o mirar por entre ventanas con barrotes de acero, o acostarme en un lecho de muerte, estoy escribiendo este libro y dando la palabra de mi testimonio de la gloria de Su Nombre.

Sí, este es un milagro moderno enviado desde el Trono del Amor del Cielo. Que un hombre con un colapso mental, un hombre que dañó su cerebro por abusar de las drogas, este mismo hombre, por la gracia y el amor de Dios Todopoderoso, ha logrado un logro desafiante al compartir la palabra de su testimonio contigo en la forma de este libro.

Jesús le dijo a Dan: "Ve a casa con tus amigos y diles cuán grandes cosas ha hecho el Señor por ti, y ha tenido compasión de ti. Así que se fue y comenzó a publicar las grandes cosas que Jesús había hecho por él. **San Marcos 5: 19,20**

Aunque la redacción de este libro tomó diecisiete años, no me desanimé ni desalenté, porque después de todo, a Noé le tomó 120 años lograr lo imposible.

Lo publico ahora.

En este punto, quizás te estés preguntando, ¿por qué desde que tuvo esta maravillosa experiencia de conversión allá por 1973, por qué la hace pública en este momento? La respuesta es esta: Cristo ha dicho "He aquí que hago nuevas todas las cosas". Y por fe, Cristo cumplió esta maravillosa promesa para mí en el instante en que le entregué mi corazón y mi vida.

Sin embargo, tomó muchos años de tratamiento dentro y fuera de los centros de tratamiento y hospitales. También tomó años recuperarse de dos divorcios. También me tomó muchos meses recuperarme de un accidente de jeep que casi me costó la vida. Tomó años obtener la liberación de ser un fumador empedernido, un borracho y un hombre que resolvía discusiones con violencia. Me tomó años lidiar con las consecuencias de mi estilo de vida pecaminoso. También me tomó años escribir este libro que ahora se está revisando. Podría seguir y seguir, pero creo que entiendes la idea. Debido a mi discapacidad y mi amor por mi estilo de vida pecaminoso, todo lo que el Señor logra a través de mí ha sido una batalla cuesta arriba.

He escuchado testimonios de personas que se libraron instantáneamente de sus pecados y defectos, pero esa no ha sido mi experiencia. Los envidio y me alegro por su gloriosa experiencia. Sin embargo, no es así como el Señor me ha tratado.

Cristo tiene su manera de mantenerme completamente dependiente de él, en todos y cada uno de los momentos del día.

Como lo hizo con el apóstol Pablo, dejó a un mensajero de Satanás para que me abofetee, al permitir que mis continuos síntomas de trastorno de estrés postraumático con dolores de cabeza crónicos me atormenten hasta el día de hoy. Es mi "espina en la carne" personal.

Dios, en Su infinita Sabiduría, ha considerado conveniente estar de acuerdo con los médicos (al menos por ahora) en que no existe cura para el PTSD. Parece que las fallas en esta vasija de barro permanecerán conmigo durante los años restantes de mi vida en este mundo dañado por el pecado.

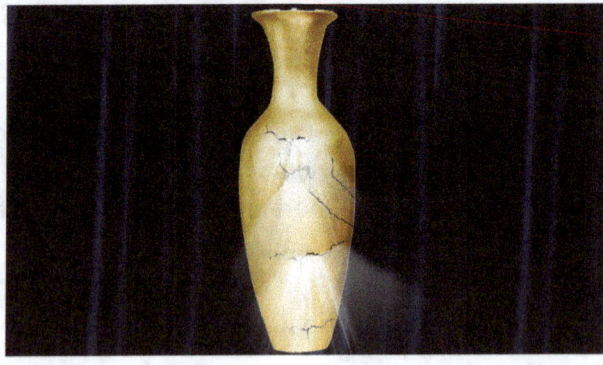

II Corintios 4:7 Pero tenemos este tesoro en vasos de barro, para que la excelencia del poder sea de Dios, y no de nosotros.

Como a Pablo, el Señor me ha dicho que deje de pedirle que me lo quite. Sin embargo, todavía anhelo deshacerme finalmente de él. Y como el apóstol Pablo, todos tenemos nuestras propias "espinas en la carne". Todos tenemos nuestros demonios personales con los que tenemos que lidiar. Entonces, ¿cómo en el mundo, como personas pecadoras y dañadas por el pecado (vasos defectuosos Romanos 3:23 por cuanto todos pecaron, y están destituidos de la gloria de Dios), cómo entonces vamos a estar delante de un Dios santo; Jesucristo en su segunda venida?

La respuesta a este dilema se encuentra en lo que Cristo nos ha enseñado en la parábola de la viña. Recuerde lo que dijo que compartí contigo en el capítulo anterior.

Juan 15:4 Permaneced en mí, y yo en vosotros. Versículo 5 ... porque sin Mí nada podéis hacer. Eso es "0" sin el peeling. ¿Recuerdas?

Entonces, por la soberanía de la maravillosa gracia de Cristo, podemos estar ante un Dios santo, Jesucristo, Rey de la creación, pero amigo de los pecadores. ¡ALABA SU MARAVILLOSO NOMBRE!

Colosenses 1: 27 A quienes Dios quiso dar a conocer las riquezas de la gloria de este misterio entre los gentiles, que es Cristo en vosotros, la esperanza de gloria.

"Bástate mi gracia, porque mi poder se manifiesta mejor en los débiles."
II Corintios 12:9

Este maravilloso milagro que me fue dado me recuerda una canción de Doug Jordán que ha sido un gran estímulo y bendición para mí. Me gustaría compartirla contigo. Quizás la hayas escuchado antes.

No te rindas al borde de un milagro
No te rindas Dios todavía está en el trono
No te rindas al borde de un milagro
No te rindas, recuerda que no estás solo

El poder y las consecuencias de la victoria de cristo ahora me han aplastado o como al gran Martin Luther King Jr. tan elocuentemente lo declaró:

"LIBRE POR FIN, LIBRE POR FIN, ALABADO DIOS TODOPODEROSO ¡SOY LIBRE POR FIN!"

Capítulo 10

Esperando con tres ángeles el rapto

Eclesiastés 3:1 Para todo hay un tiempo y un propósito debajo del cielo.

Hasta el momento, como habrás visto y aprendido, me había familiarizado bastante con mi nuevo amigo que me estaba guiando y llevando a través de mi nuevo Libro. Después de la maravillosa experiencia que te he compartido comencé a preguntarme, ¿por qué me fue dada esta gloriosa revelación del amor y el poder de Jesucristo? ¿Qué propósito tenía? ¿Podría el conocimiento que adquirí en mi búsqueda ayudar a otros?

Había leído en mi libro escrituras que apuntaban a una enseñanza instruida en las iglesias conocida como el rapto. Escrituras como:

I Corintios 15: 51,52
51 He aquí, os muestro un misterio; No todos dormiremos, pero todos seremos transformados,
52 En un momento, en un abrir y cerrar de ojos, a la última trompeta: porque sonará la trompeta, y los muertos resucitarán incorregibles, y nosotros seremos transformados.
I Tesalonicenses 4:16-18 Porque el Señor mismo descenderá del cielo con júbilo, con voz de arcángel y con trompeta de Dios; y los muertos en Cristo resucitarán primero:
17 Entonces nosotros, los que vivimos y quedamos seremos arrebatados juntamente con ellos en las nubes, para recibir al Señor en el aire; y así estaremos siempre con el Señor.
18 Por tanto, consolaos los unos a los otros con estas palabras.

Sin embargo, siendo intelectualmente honesto conmigo mismo, una pregunta pasó por mi mente: "¿Es esto cierto, lo qué se está enseñando en las iglesias hoy sobre el Rapto? Específicamente, ¿seremos arrebatados de este mundo malvado antes del período de la gran tribulación y el regreso de Cristo? Entonces, ¿cuál es el propósito o la necesidad de prepararnos para ese evento? Ya que seremos cambiados entonces y seremos transformados en ese evento, ¿por qué tomarme la molestia de prepararme para esta transformación?

Cristo mismo nos ha advertido: "*Por tanto, estad también vosotros preparados, porque a la hora que menos penséis, vendrá el Hijo del Hombre*". **Mateo 24:44**

Esas escrituras y preguntas sobre esos versículos me llevan a uno de los propósitos que describí en el prefacio y el propósito de este libro

Este testimonio es un intento de ayudar a aquellos que profesan ser seguidores de Jesucristo a preparar una transformación mientras viajamos a la Tierra Prometida Celestial y a la Ciudad Celestial.

Al intentar encontrar la respuesta a estas preguntas en términos bíblicos, mi ignorancia con respecto a este tema me costó muchos años adicionales de cautiverio opresivo demoníaco. Por lo tanto, comprender la preparación de la transformación es vital para nuestro bienestar presente y futuro.

Mientras seguía leyendo y estudiando mi nuevo Libro, el Señor me llevó a otro descubrimiento. Era la historia de los tres ángeles. ¿Has escuchado ya la historia de los tres ángeles en tu viaje personal a la Ciudad Celestial?

Es algo parecido a esto:

Apocalipsis 14: 6-11 Y vi a otro ángel volar en medio del cielo, con el evangelio eterno para predicarlo a los moradores de la tierra, a toda nación, tribu, lengua y pueblo,
7 Diciendo a toda voz: Teme a Dios y dale gloria; porque ha llegado la hora de su juicio; adorad al que hizo los cielos y la tierra, el mar y las fuentes de las aguas.
8 Y otro ángel le siguió, diciendo: Ha caído, ha caído Babilonia, esa gran ciudad, porque ha dado a beber a todas las naciones del vino del furor de su fornicación.
9 Y el tercer ángel los siguió, diciendo a gran voz: Si alguno adora a la bestia y a su imagen, y recibe la marca en su frente o en su mano,
10 El mismo beberá del vino de la ira de Dios, que es derramado sin mezcla en la copa de su indignación; y será atormentado con fuego y azufre delante de los santos ángeles y delante del Cordero.
11 Y el humo de su tormento sube por los siglos de los siglos; y no tienen descanso de día ni de noche, los que adoran a la bestia y a su imagen, y cualquiera que recibe la marca de su nombre.

    Ahora no tuve ningún problema con el mensaje del evangelio eterno de ese primer ángel, porque lo he compartido contigo en mi testimonio. Nuestro Señor misericordioso y Salvador me había limpiado de la culpa y el poder de mis pecados. ¡Qué maravilloso Salvador es Jesús mi Salvador, qué maravilloso Salvador es Jesús, mi Señor! ¿Habías escuchado esa canción antes? ¿Qué tal esta canción, quizás hayas experimentado esta?

> ¿Qué puede lavar mis pecados?
> Nada más que la sangre de Jesús
> ¿Qué puede sanarme de nuevo?
> Nada más que la sangre de Jesús

Oh precioso es ese fluir
que me pone blanco como la nieve
Es la única fuente que conozco
Nada más que la sangre de Jesús

El segundo ángel no supuso demasiado problema para mí porque, tal vez, como has escuchado de los maestros de la Biblia predicar y enseñar en numerosas ocasiones sobre una iglesia corrupta en esta generación de los últimos días.

Sin embargo, ahora este tercer ángel tenía un mensaje que también capto mi atención junto con mi agradecimiento por las buenas nuevas del evangelio eterno del primero. Tendré más que decir sobre este ángel más tarde.

Sabía que, incluso cuando era un niño y escuchaba las historias sobre fuego y azufre, no era un lugar en el que me gustaría estar. El lugar que Cristo ha preparado, uno que Él llama Cielo, es donde yo quiero estar, ¿y tú?

Por cierto, ¿has decidido dónde te gustaría terminar cuando todo esto del pecado y la rebelión haya terminado?

¡Sí, yo también!

Este asunto acerca *de el vino de la ira de Dios* derramado sin ninguna mezcla de Su misericordia capturó mi curiosidad. Si los libros que había leído como "El gran planeta Tierra tardío" de Hal

Lindsey, "Listo para Reconstruir" de Thomas Ice y Randall Price y los videos que había visto como "Dejado Atrás" y " Tribulación "de Peter y Paul Lalonde eran bíblicamente verdaderos, entonces no habría necesidad de una preparación para la transformación.

No tengo por qué preocuparme, porque sería "arrebatado hasta" estar de pie ante Dios cuando derrame Su ira en la gran tribulación. Si no logré aferrarme a mi salvación, que me fue dada gratuitamente en Cristo, o si pospuse mi decisión de seguir a Cristo, entonces no hay problema. Aunque lo pasare mal, se me dará una segunda oportunidad de acuerdo con esta enseñanza.

Por cierto, estas historias de Rapto tenían un sonido familiar para ellos, me recuerdan las historias que había escuchado cuando era niño mientras estaba en la escuela católica. Las monjas también me enseñaron que tendría otra oportunidad de llegar al cielo si me perdía esta en esta vida, en un lugar llamado Purgatorio. ¿Alguna vez has oído hablar de ese lugar? No está en las Escrituras. Sé que lo he verificado. ¿Lo has hecho escuchado?

En contraste con estas enseñanzas, leí en mi nuevo Libro historias que Jesús enseñó como la historia de las Diez Vírgenes. Diez muchachas que profesaban tener fe pura y se *prepararon para recibir al prometido.*

> **Mateo 25:1-13** Entonces el reino de los cielos será semejante a diez vírgenes que, tomando sus lámparas, salieron a recibir al prometido.
> **2 Y cinco de ellas eran prudentes y cinco insensatas.**
> 3 Las insensatas tomaron sus lámparas y no llevaron consigo aceite;
> 4 Pero las prudentes tomaron aceite en sus vasijas con sus lámparas.
> 5 Mientras el prometido se tardaba, todas se durmieron.
> 6 Y a la medianoche se oyó un clamor: He aquí que viene el prometido; salid a su encuentro.
> 7 Entonces todas aquellas vírgenes se levantaron y arreglaron sus lámparas.

8 Y las insensatas dijeron a las prudentes: Danos de tu aceite; porque nuestras lámparas se apagan.
9 Pero las prudentes respondieron, diciendo: No es así; para que no nos falte a nosotras y a vosotras; antes id más bien a los que venden, y comprad para vosotras.
10 Y mientras ellas iban a comprar, llegó el prometido; y las que estaban preparadas entraron con él a las bodas, y se cerró la puerta.
11 Después vinieron también las otras vírgenes, diciendo: Señor, Señor, ábrenos.
12 Pero él respondió y dijo: De cierto os digo que no os conozco.
13 Velad, pues, porque no sabéis ni el día ni la hora en que vendrá el Hijo del Hombre.

El punto de esta maravillosa historia *es la preparación que debe hacerse en esta vida* antes de que regrese el prometido (que simboliza a Cristo). He aquí que viene el prometido. Salid a recibirle, y las que estaban preparadas entraron con él a las bodas.

También leí en el libro de Malaquías la profecía del pueblo de Dios que vivirá en los últimos días antes de que Jesucristo regrese a esta tierra.

Malaquías 3: 1-3 He aquí, enviaré mi mensajero, y él preparará el camino delante de mí; y el Señor, a quien buscáis, vendrá de repente a su templo, el mensajero del pacto, en quien os deleitáis: he aquí que vendrá, dice el Señor de los ejércitos.
2 Pero ¿quién resistirá el día de su venida? ¿Y quién estará en pie cuando él aparezca? porque es como fuego purificador, y como jabón de lavadores.
3 Y se sentará como refinador y purificador de plata; y purificará a los hijos de Leví, y los purificará como oro y plata, para que ofrezcan a Jehová ofrenda en justicia.

Como dije antes, en la terrible condición en la que me encontraba, ciertamente no estaba en una posición que pudiera ilustrarse tan refinada como el oro o la plata, o limpiarse como el jabón de lavadores (de la inmundicia demoníaca), para ser una ofrenda al Señor.

Romanos 12:1-2 Os ruego, pues, hermanos, por la misericordia de Dios, que presentéis vuestros cuerpos en sacrificio vivo, santo, agradable a Dios, que es vuestro servicio razonable.
2 Y no os conforméis a este mundo; antes sed transformados por la renovación de vuestra mente, para que podáis probar cuál es la buena, agradable y perfecta voluntad de Dios.

Estas palabras ardían como fuego en mi corazón porque estaban respondiendo a un anhelo y una sed en mi alma que no se apagaría. Ese deseo era ser liberado del poder y las consecuencias del pecado que atormentaba mi mente, mi alma y mi vida. Anhelaba poseer la experiencia que tuvieron esas diez niñas, presentarme como una ofrenda en rectitud, santidad y aceptación a Dios, estar listo para ir al banquete de bodas. Sin embargo, *eso representó un dilema. No poseía el poder o la capacidad para lograr tal cosa.*

El Señor tuvo que enseñarme durante un período de veintitrés años, que sin Cristo y Su poder soberano, no podría hacer nada para Su gloria y honor, absolutamente NADA. "O" Como volverás a recordar.

Juan 15:4,5 Permaneced en mí y yo en vosotros. Como el pámpano no puede dar fruto por sí mismo si no permanece en la vid; vosotros tampoco podéis, si no permanecéis en mí.
5 Yo soy la vid, vosotros los pámpanos: el que permanece en mí, y yo en él, dará mucho fruto; porque sin mí nada podéis hacer.

Sin embargo, a pesar de mi indignidad, impotencia y problemas, me aferré tenazmente a Su promesa que encontré en mi nuevo Libro. Se convertiría en uno de mis favoritos de todos los tiempos.

Salmos 32: 7 *Tú eres mi escondite; me preservarás de la angustia; me rodearás con cánticos de liberación.*

El texto complementario que lo siguió también me consoló mucho.

Salmos 32: 8 Te instruiré y te enseñaré en el camino por donde andarás; te guiaré con mis ojos.

Ciertamente necesitaba algo de seguridad, a la luz de la forma en que había arruinado mi vida hasta ahora. Mientras continuaba leyendo y estudiando sobre este negocio de transformación, el Señor me guió hacia algunas promesas muy interesantes. Son lo que llamaré promesas de preparación de la transformación.

II Corintios 7:1 Teniendo, pues, estas promesas, amados, limpiémonos de toda inmundicia de carne y de espíritu, perfeccionando la santidad en el temor de Dios.

Aquí hay algunos más:

Isaías 54:17 Ninguna arma forjada contra ti prosperará, y toda lengua que se levante contra ti en juicio tú condenarás. Esta es la heredad de los siervos del Señor, y su justicia viene de mí, dice el Señor.
Salmos 56:9 Cuando yo clame a ti, mis enemigos se volverán; esto yo sé; porque Dios es para mí.
Lucas 10:19 He aquí, os doy potestad de hollar serpientes y escorpiones y sobre toda fuerza del enemigo, y nada os dañará. (¡Este es uno realmente importante!)
II Corintios 10:4,5 Porque las armas de nuestra guerra no son carnales, sino poderosas en Dios para derribar fortalezas.
5 Derribando la imaginación y toda altivez que se levanta contra el conocimiento de Dios, *y llevando cautivo todo pensamiento a la obediencia a Cristo.*

Por el amor de nuestro Padre Celestial y por la Soberanía del Señor Jesucristo y por medio del Espíritu Santo, Él nos dio estas poderosas promesas. Me permitió obtener la victoria y el dominio sobre el poder del pecado y de Satanás que estaba destruyendo mi bienestar, mi felicidad y mi vida. Me dio ganas de ser como esas diez niñas que presentaron sus cuerpos en sacrificio vivo como ofrenda *por la justicia de Cristo*, aceptable a Dios. (solo por fe, como compartí anteriormente en mi testimonio).

Estar armado con estas gloriosas promesas debe ser similar a la prudencia, la piedad y la caridad, mostrando a Christian esos maravillosos motores con los que otros siervos de Dios habían logrado cosas maravillosas. Como la vara de Moisés, el martillo y el clavo con que Jael mató a Sísara, los cántaros, las trompetas y las lámparas que Gedeón usó para hacer huir a los ejércitos de Madián. La quijada que Sansón usó para luchar contra los filisteos; La honda de David que usó para matar al gigante Golíat y la espada que el Señor usará para matar al Hombre de Pecado.

Sin embargo, Christian tuvo que continuar su viaje después de que se le mostraron todos estos maravillosos tesoros y yo también debo continuar mi camino con mi historia y viaje.

Capítulo 11

Victoria en Cristo: Así que, ¿cuál es el problema?

Dado que es tanto bíblica como experimentalmente cierto que la preparación para la transformación de los vivos tiene que ocurrir antes de que venga Jesús, descubrí que Cristo tiene un problema real. ¿Quieres saber cual es?

Bueno, en el estudio de mi nuevo Libro, Cristo me llevó a descubrir:

1. Jesucristo es nuestro Sumo Sacerdote

Hebreos 8:1 Ahora bien, este es el resumen de las cosas que hemos dicho: Tenemos tal sumo sacerdote, que está sentado a la diestra del trono de la Majestad en los cielos;

2. Jesucristo nos lleva en su gran corazón de amor ante su Padre en el santuario celestial.

Hebreos 9:24 Porque no entró Cristo en el santuario hecho de mano, figura del verdadero; sino al cielo mismo, ahora para presentarse ante Dios por nosotros.

3. Jesucristo cargó con el castigo de nuestros pecados y transgresiones contra la Sagrada Ley de Dios.

Isaías 53:3-6 Es despreciado y rechazado por los hombres; varón de dolores y experimentado en dolor; y como le escondimos nuestro rostro; fue despreciado y no lo estimamos.

4 Ciertamente él cargó con nuestras penas y con nuestros dolores; sin embargo, lo estimamos herido, herido de Dios y afligido.

5 Pero *él fue herido por nuestras rebeliones;* fue golpeado por nuestras iniquidades. El castigo de nuestra paz fue sobre él, y por sus llagas fuimos sanados.

6 Somos como ovejas descarriadas; hemos hecho que cada uno siga su propio camino; *y el Señor cargó sobre él la iniquidad de todos nosotros.*

***Juan 3:16** Porque tanto amó Dios al mundo, que dio a su único Hijo, para que todo aquel que crea en él no perezca, sino que tenga vida eterna.*

I Juan 3:4 Todo aquel que comete pecado, infringe también la ley; porque el pecado es infracción de la ley. ¿Qué ley?

La Ley de Su Padre que Cristo guardó. La misma ley que guardaron Pablo y los discípulos. La ley moral de los Diez Mandamientos.

Juan 14:21 El que tiene mis mandamientos y los guarda, ése es el que me ama; y el que me ama, será amado por mi Padre, y yo le amaré y me manifestaré a él.
Juan 15:10 Si guardáis mis mandamientos, permaneceréis en mi amor; así como yo he guardado los mandamientos de mi Padre y permanezco en su amor.
Romanos 3:21-24,31 Pero ahora la justicia de Dios sin la ley se manifiesta, siendo testificada por la ley y los profetas;
22 La justicia de Dios, que es por la fe de Jesucristo por todos y para todos los que creen; porque no hay diferencia:
23 Por cuanto todos pecaron, y están destituidos de la gloria de Dios;
24 Siendo justificados gratuitamente por su gracia, mediante la redención que es en Cristo Jesús,
31 ¿Entonces invalidamos la ley por la fe? Dios no lo quiera: sí, establecemos la ley.

¿Cómo logra el Señor una hazaña tan gloriosa en Su pueblo?

Hebreos 8:10 Porque este es el pacto que haré con la casa de Israel después de aquellos días, dice Jehová; Pondré mis leyes en su mente y las escribiré en su corazón; y seré para ellos un Dios, y ellos serán para mí un pueblo.
Salmos 40:8 Me deleito en hacer tu voluntad, oh, Dios mío; sí, tu ley está dentro de mi corazón.
Salmo 119:97,98,105
97 ¡Cuánto amo yo tu ley! es mi meditación todo el día.
98 Por tus mandamientos me has hecho más sabio que mis enemigos, porque siempre están conmigo.

105 Lámpara es a mis pies tu palabra, y lumbrera a mi camino.
Colosenses 1:26,27
26 El misterio que estuvo oculto desde los siglos y las generaciones, pero que ahora se manifiesta a sus santos;
27 A quienes Dios quiso dar a conocer las riquezas de la gloria de este misterio entre los gentiles; que es Cristo en vosotros, la esperanza de gloria.

Cristo que vive en nosotros y revela Su gloria debe tener un pueblo listo para ser trasladado cuando Él venga por segunda vez a la salvación. Ese es todo el propósito de nuestra preparación de la transformación.

Hablando de la preparación para nuestra transformación, ampliaré esto con más detalle en el capítulo 12, Un Mensaje Personal y la preocupación de Dan.

La siguiente pequeña parábola ilustrará lo que estoy tratando de decirles.

Imaginemos una reunión clandestina (secreta) convocada por Satanás, el mismo gran adversario.

Él ha reunido a todos sus ángeles caídos a su alrededor y esto es lo que les dice: "Recuerden cómo fuimos arrojados del cielo por nuestra rebelión al transgredir la voluntad de Dios y sus mandamientos". Recuerden también cómo perdimos nuestra batalla en el Calvario porque no pudimos lograr que Cristo violara la voluntad de Su Padre. "Bueno, estoy convencido de que podemos ganar esta controversia con Dios antes de que Cristo regrese a la tierra con Sus recompensas". Los ángeles malvados de Satanás preguntan, "¿cómo podemos hacer eso?"

Satanás dice, "esto es lo que quiero que hagas. Quiero que salgas por toda la tierra y ejerzas presión sobre cada cristiano que profesa amar y servir a Jesucristo ".

"Usen cualquier medio que sea necesario, pero manténgalos quebrantando los mandamientos de Dios y eviten que obtengan una preparación para la transformación. Entonces, si Cristo transformara a un cristiano sin ver la muerte cuando El regrese, quien no está en obediencia con la voluntad de Dios, Cristo tendrá que llevarme a mí y a todos los demás de regreso al cielo también ".

Sabes, creo que no hay un juez honesto vivo, que no argumentaría que Satanás tendría un caso válido que se sostendría en la corte.

Verás que la vida y la existencia personal de Satanás dependen de su capacidad para evitar que un pueblo esté en la posición de vivir en el centro de la voluntad de Dios y guardar Sus mandamientos cuando Cristo venga a liberar a Su pueblo de este mundo maldito por el pecado.

Apocalipsis 14:12 *Aquí está la paciencia de los santos: aquí están los que guardan los mandamientos de Dios y la fe de Jesús.*

Estar en el centro de la voluntad de Dios y guardar sus mandamientos es de lo que se trata la preparación para la transformación (más sobre esto más adelante, como dije).

Así como lo hizo el rey Nabucodonosor, Satanás está decidido a robar la gloria y el poder de Dios que está contenido en Su Palabra, que Dios nos ha dado gratuitamente. No podemos ganarlo y no somos dignos de recibirlo, sin embargo, Cristo nos lo da como un regalo. No entender esto me hizo vivir en la oscuridad espiritual y la enfermedad mental durante muchos años más.

II Corintios 4:4 *En quienes el dios de este mundo cegó el entendimiento de los incrédulos,* para que no les resplandezca la luz del evangelio glorioso de Cristo, que es la imagen de Dios.

Entonces, antes de que Cristo regrese, debemos estar en el centro de la voluntad de Dios, habiendo recibido la justicia de Cristo.

O no lo habremos de recibir nuestros nuevos cuerpos glorificados, en cambio serán destruidos por el resplandor de Su venida junto con los malvados vivientes.

II Tesalonicenses 2:8 Y entonces se manifestará el impío, a quien el Señor matará con el espíritu de su boca, y destruirá con el resplandor de su venida.

¿Puedes ver por qué se nos da esta gloriosa revelación del amor y el poder de Jesucristo? ¿Para qué sirve?

Salmo 119: 9-12,97,98,105
9 ¿Con qué limpiará el joven su camino? atendiendo a ello según tu palabra.
10 Con todo mi corazón te he buscado; no me dejes desviarme de tus mandamientos.
11 *Tu palabra he guardado en mi corazón, para no pecar contra ti.*
12 Bendito eres, oh, SEÑOR; enséñame tus estatutos.
97 ¡Cuánto amo yo tu ley! es mi meditación todo el día.
98 Por tus mandamientos me has hecho más sabio que mis enemigos, porque siempre están conmigo.
105 *Lámpara es a mis pies tu palabra, y lumbrera a mi camino.*

Apocalipsis 12:11, 14:12
12:11 Y lo vencieron por la sangre del Cordero y por la palabra de su testimonio, y no amaron sus vidas hasta la muerte.
14:12 Aquí está la paciencia de los santos; aquí están los que guardan los mandamientos de Dios y la fe de Jesús.

Verás, los seguidores de Cristo deben estar preparados para la transformación antes de que Él venga. *Ese es el problema y el desafío de Cristo, al preparar a su pueblo que preferiría morir antes que ser desleal a Aquel que les ha mostrado tanta bondad y con quien ha compartido gran parte de su bondad y amor.*

Déjame ponerlo de otra manera.

Si saco de mi Biblia todo lo que escribieron hombres como Isaías, Jeremías, Amós, Abdías, Jonás, quienes son ellos de todos modos, son solo hombres.

También elimino, por ejemplo, Mateo, Marcos, Lucas, Juan; después de todo, también son hombres justos. Entonces, después de eliminar todo lo que han escrito los hombres, ¿qué me queda?

Me quedo con los Diez Mandamientos porque no fueron escritos por un hombre. Fueron escritos por el propio dedo de Dios en dos tablas de piedra.

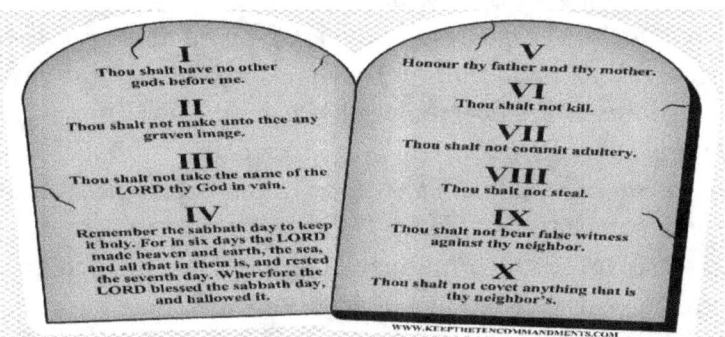

Lo único en el buen libro de Dios que no podía confiar en que los hombres escribieran, eran los Diez Mandamientos. Los hombres no podían escribirlos porque simplemente los habían desobedecido (recuerda la debacle del becerro de oro).
Entonces, empiezo a examinar esos Diez Mandamientos y leo:
No matarás
No cometerás adulterio
No robarás
No darás falso testimonio

Luego, me endurezco el cuello y le doy la espalda a Dios con el puño arriba y le digo: "¿Con qué autoridad tienes que decirme qué puedo o no hacer?".

La respuesta llega suavemente: "Yo te hice, eres el hijo de mi creación".

Génesis 1:27 Y creó Dios al hombre a su imagen; a imagen de Dios lo creó, varón y hembra los creó.

Éxodo 20:11 Porque en seis días hizo Jehová los cielos y la tierra, el mar y todo lo que en ellos hay, y reposó el séptimo día; por tanto, Jehová bendijo el día de reposo y lo santificó.

Entonces, aquí es donde Dios obtiene Su autoridad sobre Sus hijos que Él creó. Te pregunto, "¿hay algún padre con hijos que no entienda eso?" Por lo tanto, es racional creer que si Dios tiene un enemigo (y sabemos quién es), solo tiene sentido que el enemigo de Dios ataque la autoridad de Dios, y trate de socavar esa autoridad, y lo haría para que el pueblo de Dios quebrantara la autoridad y la ley de Dios y desafiara esa autoridad.

Repito, ¿pueden ver que los seguidores de Cristo deben ser llevados a la preparación para la transformación, para preparar al pueblo antes de que Él venga? Ese es el problema y el desafío de Cristo, preparar a un pueblo que preferiría morir antes que ser desleal a Aquel que les ha mostrado tanta bondad, amor y misericordia y con quien ha compartido gran parte de Su bondad.

Hay un texto en mi nuevo Libro que me fue dado por una enfermera piadosa hace muchos años, y años después, otra mujer piadosa me lo dio en forma de música. Con el tiempo se ha vuelto muy especial para mí. Desde ese verano de 1970 cuando tuve mi colapso mental hasta la redacción de este libro, en cierto modo resume toda esta experiencia de cuarenta y siete años para mí.

Salmos 40:1-3 Esperé pacientemente en el Señor, y él se inclinó hacia mí y oyó mi clamor.
2 También me sacó de un pozo horrible, del barro lodoso, y puso mis pies sobre una roca, y estableció mis pasos.
3 Y ha puesto en mi boca cántico nuevo, alabanza a nuestro Dios; muchos lo verán, y temerán y confiarán en el Señor.

Aunque cegado por los engaños del mundo y criado en un salón de billar y taberna, sin un conocimiento de Dios, y dando la espalda a los asuntos espirituales, yendo a la guerra y en el proceso de perder la cordura; finalmente, por la gracia soberana de Dios y la misericordia infinita, llegue a conocer a su Padre celestial y a Jesucristo, a quien ha enviado y posee esta relación que es vida eterna, ¡ha puesto un cántico nuevo en mi boca! Incluso alabar a nuestro Dios es lo que quiero dar a Jesucristo al testificarles y confesarles, y como ahora pueden ver por sí mismos, tengo mucho de lo que testificar.

- Testifico que tengo el deseo de estar listo para la venida de Jesús a la luz de la gloriosa revelación de la Preparación para la transformación.
- Testifico del mensaje de los Tres Ángeles.
- Testifico que tengo el deseo de salir de la oscuridad de la ignorancia y el engaño y salir a la luz al estar preparado para la transformación y rechazar la noción de que se me dará otra oportunidad de salvación después del Rapto.
- Testifico la verdad de que Cristo escribió la Ley del Nuevo Pacto de Su Padre en mi mente y en mi corazón.
- Testifico la verdad y me doy cuenta de que por mí mismo no poseía el poder, la fuerza o la capacidad para lograr la tarea de obtener la victoria sobre cualquier aspecto destructivo de mi vida.
- Testifico que a pesar de los continuos ataques del enemigo y a pesar de mi indignidad, es Jesucristo por la agencia del Espíritu Santo y el poder de Su Santa Palabra que me ha dado la victoria. Victoria sobre el control de Satanás sobre mi vida de rebelión, alcohol, tabaco, adicciones y el dolor de una vida rota, y la desesperación que causó el intento de quitarme la vida.
- Doy testimonio del Señor Jesucristo por bendecirme con Su gracia y poder que me permitió dar mi testimonio en este librito y la capacidad de compartirlo contigo.
- Testifico de la verdad, como lo es en Cristo Jesús, que "si tienes fe y no dudas". Y le dices a la montaña de la opresión y la posesión demoníacas: "Muévete y arrójate al mar"; y no dudas, pero crees; entonces se cumplirán las cosas que dices. Tendrás todo lo que digas. Por eso te digo: "Todo lo que deseen, cuando oren, crean que lo han recibido, y lo tendrán". **San Marcos 11: 22-24**
- Testifico que elijo estar disponible para Cristo para su uso en la derrota de su archienemigo en su continuo intento de robarle a la Palabra de Dios su poder, autoridad y gloria que libremente ha dado a sus hijos por y en Cristo Jesús.
- ¡Testifico de las grandes cosas que el Señor ha hecho por mí! ¡ALABANZA A NUESTRO DIOS!

Apocalipsis 5:11-13 Y miré, y oí la voz de muchos ángeles alrededor del trono y las bestias y los ancianos; y el número de ellos era diez mil veces diez mil, y miles de miles;
12 diciendo a gran voz: Digno es el Cordero que fue inmolado de recibir poder, riquezas, sabiduría, fortaleza, honra, gloria y bendición.
13 Y toda criatura que está en los cielos y en la tierra y debajo de la tierra, y los que están en el mar, y todos los que están en ellos, me oí decir: *"Bendición, honra, gloria y poder, sea al que está sentado en el trono, y al Cordero por los siglos de los siglos".*

Capítulo 12

Un mensaje personal y una preocupación de Dan

Estos últimos tres capítulos contienen un mensaje de nuestro amoroso y soberano Dios de toda la creación. Tengo la responsabilidad personal de compartirlo contigo, arriesgando mi propia salvación eterna si no lo hago. Es un mandato de los atrios celestiales que me dio nuestro Padre Celestial con misericordia y amor, a pesar de mi falta de bondad, para dar a quienes Él ama, como Él ama a Su propio Hijo Jesucristo. Que el Señor añada Su bendición y favor a los capítulos finales de este libro. El siguiente es el mandato:

Ezequiel 3:4,17-21
4 Y me dijo: Hijo de hombre, ve, ve a la casa de Israel (los que reclaman a Jesucristo como su Señor y Rey) y habla con mis palabras.
17 Hijo de hombre, te he puesto por centinela de la casa de Israel; por tanto, oye la palabra de mi boca, y dales amonestación de mi parte.
18 Cuando yo dijere al impío: De cierto morirás; y no le amonestares, ni hablares para advertir al impío de su mal camino, para salvar su vida; el impío morirá por su iniquidad, mas su sangre demandaré de tu mano.
19 Sin embargo, si adviertes al impío, y él no se aparta de su maldad ni de su mal camino, morirá en su iniquidad; pero has librado tu alma.
20 Y cuando el justo se apartare de su justicia, y cometiere iniquidad, y yo pusiere tropiezo delante de él, morirá: *por cuanto no le diste amonestación, morirá en su pecado, y su justicia que hizo no será recordada; pero su sangre la necesitaré de tu mano.*
21 Sin embargo, *si adviertes al justo, que el justo no peca, y él no peca, de cierto vivirá, porque ha sido advertido; también has liberado tu alma.*

En esos años intermedios después de mi maravillosa liberación de los poderes malignos desplegados contra mí, me ha tomado muchos años recuperarme (aún estoy en ese proceso de curación. Camino con una cojera mental, mi vaso roto, por así decirlo, como compartí. antes: trastorno de estrés postraumático y dolores de cabeza crónicos los cuales creo que fueron causados por mi exposición al agente naranja en la guerra). Había provocado daño físico a mi cuerpo y mi cerebro por los muchos años de mal uso de medicamentos que alteran la mente. Durante este periodo de recuperación, el Señor me desveló otra revelación que me cambió la vida mientras seguía leyendo y estudiando mi nuevo Libro. Me causó una gran preocupación, porque también tuvo consecuencias que afectaron negativamente mi vida y contribuyeron a llevarme a esa terrible condición que te he contado con tanto detalle.

Me preocupa lo que las iglesias están enseñando con respecto a las profecías de Mateo 24, Daniel 7, 8 y 9 y el libro de Apocalipsis. Estas grandes profecías de los últimos tiempos también contienen la clave para la gloriosa tarea de preparar la transformación.

Verá que estas maravillosas profecías son interpretadas por uno de dos sistemas o modelos proféticos, si prefiere esa terminología.

Moisés estableció el primer sistema. Todos los demás escritores de la Biblia, incluido Pablo, adoptaron el mismo modelo de interpretación. Esta fue también la opinión adoptada por Martín Lutero y fue usada por él en la poderosa Reforma de la Iglesia en el siglo XVI.

El punto de vista de Lutero con respecto a la visión de la bestia maligna de Apocalipsis 13 es el siguiente:

- Que la bestia con su marca estuvo activa en el pasado (en la época de Pablo).
- Esa bestia está activa en el presente (en la época de Lutero).
- Que la bestia de Apocalipsis 13 estará activa en el futuro (durante nuestro tiempo) hasta el tiempo del regreso de Cristo.

Debido a los puntos de vista de Lutero y otros Padres de la reforma, como Wesley y Calvino, miles de personas dejaron la Iglesia Católica y ayudaron a formar muchas de las iglesias protestantes que conocemos hoy.

El liderazgo católico romano se alarmó por la aceptación de este sistema de interpretación de las Escrituras por parte de la gente común. El liderazgo católico a través de la secta de los jesuitas intentó detener la crisis asignando a un sacerdote jesuita llamado Francisco Ribera para desarrollar un segundo sistema de interpretación para anular la fuerza de esta Reforma protestante. La contrarreforma se promulgó para contrarrestar este nuevo movimiento protestante.

Así que, en los años 1500, 1580 para ser precisos, el sacerdote jesuita Ribera escribió su libro con una visión e interpretación diferente de las enseñanzas de las profecías expuestas por los protestantes. La Iglesia Romana la promovió, y como resultado, efectivamente detuvo la Reforma en su camino y recuperó los Estados Balken de Europa para la Iglesia Católica.

¿Le gustaría saber qué enseñaron los jesuitas?

• • Enseñaron que la bestia del Apocalipsis 13 no estaba activa en el pasado, *no estaba activa en el presente y no estará activa hasta el final de la era.*

• También enseñaron que los judíos se convertirían al final de la era.

• Que los judíos eran el remanente y que los judíos se enfrentarían a la bestia y al anticristo y que serían los judíos quienes sabrían cuál es la marca de la bestia y serían capaces de identificar la imagen de la bestia.

• Ribera reinterpretó los capítulos 4 al 18 de Apocalipsis y enseñó que no se cumplirían hasta el final de la era en un futuro lejano.

"Así, en el comentario de Ribera se sentaron las bases de esa gran estructura del futurismo, construida y ampliada por quienes lo siguieron, hasta que se convirtió en la posición católica común.

Y luego, maravilla de maravillas, en el siglo XIX este esquema de interpretación jesuita llegó a ser adoptado por un creciente número de protestantes, hasta hoy, el futurismo, ampliado y adornado con la teoría del Rapto, se ha convertido en la creencia generalmente aceptada del ala fundamentalista del protestantismo popular". (LeRoy Edwin Froom, La fe profética de nuestros padres Vol.II página 493)

Tal vez te preguntes ¿cuándo empezará a llegar este fin de los tiempos?

En Escocia en la década de 1830, en una iglesia protestante llamada Iglesia Plymouth Brethren de Glasgow, una mujer llamada Margaret McDonald tuvo una visión. Ella mencionó que le habían dicho en la visión que Cristo podría venir esa noche y alcanzar a Su pueblo en secreto.

La siguiente es una cita de un periodista de radio cristiano que escribió un libro sobre Margaret McDonald.

"Varias observaciones están en orden:

En primer lugar, evidentemente, ella no creía en la inminencia; ella pensó que "la plenitud de Cristo" (la llenura del Espíritu) era necesaria primero, "y luego seremos arrebatados para encontrarlo". Ella dijo que el ponerse al día (o el Rapto) solo lo verían los creyentes llenos del Espíritu: una venida secreta." *(El increíble encubrimiento, exponiendo los orígenes de las teorías del rapto, Dave MacPherson adelante de el Dr. James McKeever, página 154)*

Margaret McDonald, de hecho, apoyó y verificó las enseñanzas del sacerdote jesuita Ribera trescientos años antes, de que el Rapto ocurriría al final de la era. El fin de la era es el fin de la gran tribulación de tres años y medio después de que el anticristo de Daniel 7:25 rompiera el pacto con los judíos. El Anticristo que rompe el pacto de Dios será el que esté parado en el monte del templo en la ciudad vieja de Jerusalén en el estado de Israel.

Esta es una interpretación falsa de las Escrituras por un sacerdote jesuita y respaldada por visiones que usan este modelo incorrecto de interpretación de las Escrituras.

Apocalipsis 22:18,19
18 Porque yo testifico a todo el que oye las palabras de la profecía de este libro. Si alguno añadiere a estas cosas, Dios le añadirá las plagas que están escritas en este libro:
19 Y si alguno quitare Palabras del libro de esta profecía, Dios quitará su parte del libro de la vida, de la santa ciudad y de las cosas que están escritas en este libro.

Comencé a comprender cuán peligrosa es realmente esta enseñanza engañosa porque, *¿y si esta interpretación de la profecía es incorrecta? Si es incorrecta*, tendría implicaciones de gran alcance.

Verás, esta interpretación históricamente había detenido la Reforma en Europa. Eso fue entonces, pero ¿y hoy? Dado que personalmente creo que soy miembro de la última generación, históricamente hablando, *¡podría estar siendo engañado ahora mismo!* No solo eso, sino que, en el futuro, sin darme cuenta, podría ayudar a hacer cumplir la marca de la bestia mientras pienso que estoy siguiendo la voluntad de Dios y perder mi salvación en el proceso. Eso es un asunto bastante serio para mí.

En efecto, los teólogos de la Iglesia Católica y una decisión del Consejo Nacional de Iglesias adoptaron la teoría del Rapto Secreto que quitó muchas de las profecías del libro de Apocalipsis de la última generación.

Ahora, muchos miles de cristianos están en la mira y esperando que la nación judía se convierta y que comience el fin de la era. Y creo que no solo soy históricamente sino también personalmente parte de la última generación. Por lo tanto, la Iglesia Católica me ha quitado efectivamente los capítulos 4 al 18 del libro de Apocalipsis.

En una escala más amplia, todo protestante y católico practicante también podría ser engañado sin siquiera saberlo.

Explicaré lo que intento decir con la siguiente ilustración:

En los días de Cristo, también había dos sistemas de interpretación de las profecías de la venida del Mesías.

Recuerda cuando Cristo entró en Jerusalén en ese pequeño burro.

Recuerda todo el entusiasmo de la gente mientras agitaban ramas de palmera y dejaban sus mantos para Su entrada por las puertas. La gente, en su entusiasmo, pensó que Cristo estaba entrando en Jerusalén para tomar el trono de David, establecer Su reino y finalmente derrotar a los odiados romanos.

Sus maestros religiosos les habían enseñado a esperar y buscar un gran líder militar y político como el rey David para tomar posesión del trono de David.

Recuerda la amarga decepción de sus seguidores al sentir que todas sus esperanzas morían con la muerte de Cristo en la cruz. El pobre Pedro realmente lo pasó mal porque no solo terminó negando que Cristo era el Mesías; negó siquiera conocer al hombre.

La razón de esa experiencia de prueba de fe y la amargura de las esperanzas frustradas fue por el hecho de que la mayoría de la gente creía en el sistema de interpretación de las profecías sobre el Mesías que se les había enseñado desde su juventud. Fue un engaño espiritual lo de que el Mesías reinaría con poder sobre el trono de David y rompería el yugo romano de opresión de Su pueblo escogido.

En contraste con la mayoría de la gente bajo este engaño, había una minoría de la gente (como Juan el Bautista) que creía en una interpretación alternativa de las profecías mesiánicas. Que el Mesías sufriría como el Cordero de Dios herido y desamparado.

Aquellos que se aferraron al punto de vista de la interpretación del rey reinante en realidad crucificaron a su Salvador y Mesías diciéndole: "Desciende de la cruz y creeremos".

¡Esa gente perdió sus vidas, su ciudad y su pacto con Dios! Recuerden que nuestro Señor les dijo con tristeza: "No sabéis el tiempo de vuestra visitación... y vuestra casa os es dejada desolada". En el año 70 d.C., las palabras proféticas de Cristo se cumplieron cuando el general romano Tito destruyó la ciudad de Jerusalén.

Cristo no les dijo, "están confundidos en su interpretación de la profecía". Les dijo: "vuestra casa os es dejada desierta". En otras palabras, ha elegido tirarlo todo a la basura y lo ha perdido todo. (Extraído de "Que Decir de una Forma Nueva Totalmente Diferente" ("What to Say in a Whole New Way" en inglés), por Daniel W. O'Fill con Johnson Shewmake, copyright 1994 de Review and Herald Publishing Association)

¿Puedes ver lo peligroso que es un engaño espiritual?
**¡Estar alerta cuando se está cumpliendo
la profecía es una cuestión de vida o muerte!**

Al revisar mi vida y mi relación personal de pacto con Dios, reconocí que yo tampoco había estado alerta al tiempo de mi visitación y las profecías que se cumplían en mi vida, perdiendo las profecías para la última generación en el Libro de Apocalipsis; Perdiendo todos esos años del tiempo de mi visita, perdiendo la experiencia de preparación para la transformación con mi Creador y amigo e intercambiando una relación con Él por un trabajo en una sala de billar.

(Supongo que en este punto debería definir lo que creo que es la preparación para la transformación. No es la perfección, sino un alejamiento de la rebelión contra Dios y Su gobierno a la lealtad a Dios y Su gobierno)

Porque puedes ver la revelación que cambia la vida de la necesidad de una preparación para la transformación, y el engaño espiritual de una interpretación falsa de las Escrituras había contribuido dramáticamente al trágico resultado de mi vida. Me gusta que el rey Nabucodonosor estaba experimentando una condición espiritual seria y mortal como resultado de este engaño espiritual serio y peligroso y de mis propias decisiones tontas.

En el camino trágico y destructivo que había elegido como resultado de estar espiritualmente ciego, estaba experimentando toda la fuerza y el impacto de la enseñanza de la Iglesia Romana a través de la adopción de esta de la Iglesia protestante y el sacerdote jesuita en los tiempos modernos.

A la luz de todo lo que ha sucedido en mi vida y como resultado de conocer esta información, me enfrenté a la pregunta de qué interpretación profética aceptar como la agencia gobernante en mi vida. Me enfrenté a dos alternativas.

Primero: si la católica Ribera y la protestante Margaret McDonald estaban en lo cierto, entonces, al aceptar sus enseñanzas, me uniría a ellos en su ideología de enseñanza de que los judíos serían las personas que lograrían la meta de Cristo. Ese noble objetivo de ser las personas que guardan los mandamientos y que poseen la fe de Jesús llevó a la preparación para la transformación durante el fin de los tiempos.

Por lo tanto, como no judío, no tendría que preocuparme de inmediato por prepararme para la transformación en la Segunda Venida de Cristo. Podría haber razonado que no había urgencia en esa preparación, porque si perdía esta oportunidad, se me daría otra oportunidad después del Rapto, durante la Gran Tribulación. Entonces, en algún momento en el futuro, mientras estaba cegado por este engaño espiritual, me arriesgaría, debido a ese engaño, a ayudar a hacer cumplir la marca de la bestia, mientras pensaba que estaba haciendo la voluntad de Dios; *el resultado es poner en peligro mi salvación eterna y correr el riesgo de perderme en el proceso.*

¿Empiezas a escuchar la voz del tercer ángel cada vez más fuerte? ¿Puedes ver a el papado con su contraparte el Vaticano con su orden de jesuitas como los responsables de cambiar la Palabra de Dios para incluir una falsa enseñanza sobre el Rapto?

Apocalipsis 22:19 Y si alguno quitare de las palabras del libro de esta profecía, Dios quitará su parte del libro de la vida, y de la ciudad santa, y de las cosas que están escritas en este libro.

Segundo: podría aceptar el sistema de interpretación de Lutero de las profecías de los últimos días, de que la bestia estuvo activa en el pasado, está aquí ahora y estará activa hasta que venga Jesús. Podría elegir convertirme en uno de los participantes durante este tiempo del fin que colabora activamente con Cristo ahora para lograr Su objetivo de llevar a Su pueblo a la preparación para la transformación. Podría elegir ser una de esas personas remanentes de las que está profetizado: "que guardará los mandamientos de Dios y tendrá la fe de Jesús *y seguirá al cordero adondequiera que Él conduzca*". Apocalipsis 14:12, 4. Esto es lo que he elegido hacer.

Apocalipsis 14:4,12

4... Estos son los que siguen al Cordero por dondequiera que va
12 Aquí está la paciencia de los santos; aquí están los que guardan los mandamientos de Dios y la fe de Jesús.

He decidido aceptar el modelo histórico de interpretación de Lutero de estas profecías y alzar mi voz en advertencia contra la bestia y su imagen, para dar testimonio *del peligro de creer en este engaño espiritual* (al escribir este libro).

Por la gracia y el gran poder del Gran Dios Soberano y Rey del Universo, todos los demonios del infierno no han podido impedirme escribir y publicar este libro de mi testimonio personal.

Porque, como el rey Nabucodonosor, sentí y experimenté toda la fuerza y el impacto de creer en una falsa enseñanza espiritual que resultó en una condición terrible y peligrosa, de la cual no habría sobrevivido si no fuera por la gracia y la misericordia de Dios.

Por otro lado, también he experimentado el gozo glorioso y liberador y la libertad de ser liberado de ese peligroso engaño y condición con sus terribles consecuencias por la fe en y *por el poder de la sangre del Señor Jesucristo*.

Mi corazón tiembla al pensar en lo que este terrible error y malentendido me ha costado personalmente y por lo que podría costarle a alguien más ahora o en el futuro.

¡Es por eso por lo que me preocupa lo que las iglesias están enseñando sobre la profecía bíblica! Afectó drásticamente mi vida de forma negativa. Tanto física como espiritualmente a nivel personal *y podría afectar negativamente a la tuya.*

Como se mencionó anteriormente, y esto es vital, por eso lo repito, *¡estar alerta cuando se está cumpliendo la profecía es una cuestión de vida o muerte!*

Este testimonio que he compartido contigo, en este libro, es esta profecía en Apocalipsis, que se está cumpliendo ante nuestros ojos.

Apocalipsis 22:18,19

18 Porque yo testifico a todo el que oye las palabras de la profecía de este libro. Si alguno añade a estas cosas, Dios le añadirá las plagas que están escritas en este libro:
19 Y si alguno quitare de las palabras del libro de esta profecía, Dios quitará su parte del libro de la vida, y de la ciudad santa, y de las cosas que están escritas en este libro.

Capítulo 13

La profecía del sellado

Ahora debemos pasar a otro aspecto de la profecía que se está cumpliendo llamado "el sellamiento" porque es parte integral del proceso de transformación.

Apocalipsis 7:1-3
1 y después de estas cosas vi cuatro ángeles de pie sobre los cuatro ángulos de la tierra, sosteniendo los cuatro vientos de la tierra, para que el viento no sople sobre la tierra, ni sobre el mar, ni sobre ningún árbol.
2 y vi a otro ángel que subía del oriente, que tenía el sello del Dios viviente; y clamó a gran voz a los cuatro ángeles, a quienes se les había encomendado hacer daño a la tierra y al mar,
3 diciendo, No hagáis daño a la tierra, ni al mar ni a los árboles, *hasta que sellemos a los siervos de nuestro Dios en sus frentes.*
Apocalipsis 22:4 Y verán su rostro, y su nombre estará en sus frentes.
Apocalipsis 14:1 Y miré, y he aquí, un Cordero estaba en el monte de Sión, y con él ciento cuarenta y cuatro mil, que tenían el nombre de su Padre escrito en la frente.

  Antes de continuar, deseo hacer un descargo de responsabilidad en este punto. No pretendo ser uno de los 144.000. Sin embargo, deseo con todo mi corazón prepararme para la transformación que tendrán que hacer los escogidos bienaventurados para encontrarse con nuestro Señor sin ver la muerte, en Su segunda venida. (Ya he explicado lo que creo que es la preparación; lealtad a Dios y su gobierno).

  La profecía es lo suficientemente clara. Los siervos de Dios serán sellados con el Nombre del Padre escrito en sus frentes. No estaré aquí, en este lugar en mi libro, intentando probar que el nombre de nuestro Padre Celestial es Yahveh, Dios o Jehová. Académicos mucho más brillantes que yo han escrito volúmenes sobre el tema.

Sin embargo, solo quiero decir en este punto que he elegido creer y aceptar que *Su nombre personal* es la versión hebrea de Yahveh. El nombre que elijas usar es entre tú y Dios. Además de todos los títulos que se le atribuyen. Creo, basado en las Escrituras y en mi experiencia personal que, si has aceptado a Jesucristo como tu Señor y Salvador personal, en la experiencia del Nuevo Pacto nacido de nuevo, y tienes una verdadera relación viva con el Señor Jesucristo, entonces tienes el nombre del Padre escrito tu corazón (en tu frente).

Juan 10: 30 Yo soy mi Padre, somos uno.
Mateo 10: 40 El que a vosotros recibe, a mí me recibe; y el que me recibe a mí, recibe al que me envió.
El sello de Dios, por supuesto, contrasta directamente con aquellos que reciben la marca de la bestia en su frente o en su mano.
Apocalipsis 13:16,17
16 Y hace que, a todos, pequeños y grandes, ricos y pobres, libres y esclavos, se les ponga una marca en la mano derecha o en la frente;
17 y que nadie pudiera comprar ni vender, sino el que tuviera la marca, o el nombre de la bestia, o el número de su nombre.

Cuando llegue el final, solo habrá dos grupos. ¡Sólo dos! Esas serán tus únicas opciones para elegir.

Un grupo con la marca de la bestia, el otro grupo con el sello de Dios. ¿Ya has descubierto en qué grupo quieres estar? Yo ya lo sé, y es el grupo con el sello de Dios escrito en mi frente (cualquiera que yo entienda que es Su nombre). ¡Ni una marca estampada en él!

Hablando de marcas visibles, ¿alguna vez te has preguntado qué es lo que habrá en nuestras frentes? ¿Quizás una etiqueta con códigos de barras UPC? ¿Tal vez chips RFID? ¿Has considerado alguna vez la naturaleza simbólica del libro de Apocalipsis?

La razón por la que hago esas preguntas es que abundan los maestros de la Biblia y los predicadores, que están enseñando que la marca de la bestia es la etiqueta física real o el chip implantado en nuestra piel o incrustado en la piel de nuestra frente. Si ese fuera el caso, los cristianos de todo el mundo estarían tan al tanto de este procedimiento que no se acercarían al proceso con un palo de diez pies. Personalmente creo que será más sutil que eso. De lo contrario, no engañaría, si es posible, a los mismos elegidos, como Cristo nos advirtió que estemos alerta.

Mateo 24:24,25
24 porque se levantarán falsos Cristo y falsos profetas, y harán grandes señales y prodigios; en tanto que, si fuera posible, engañarían a los mismos elegidos.
25 he aquí, te lo he dicho antes.

Dado que el libro de Apocalipsis está lleno de simbolismo, ¿qué podría representar la frente? ¿En qué piensas normalmente (eso es una pista) cuando consideras la frente?

Directamente detrás de tu frente está el cerebro. ¿No es eso correcto? Eso es una obviedad, ¿verdad? Y esa parte de nuestro cerebro alberga la parte de nuestro cerebro que es el centro de nuestro proceso de toma de decisiones. Consúltalo en cualquier revista médica o anatómica y ve si eso es o no es correcto.

¿No tendría sentido entonces, que recibir la marca de la bestia podría ser sobre las decisiones que tomamos con nuestra mente alojada detrás de nuestras frentes más que la implantación física real de la misma? Ese es el lugar donde decidiríamos elegir ser sellados con el sello de Dios o recibir la marca de la bestia, ¿no es así? ¡Piénsalo!

Por cierto, ¿has escuchado a un maestro o predicador de la Biblia enseñar que cualquier Papa que esté reinando en el momento de la gran tribulación será el Falso Profeta? Bueno, me pregunto si eso es cierto, entonces ¿por qué cualquier maestro o predicador protestante basaría su interpretación de las profecías de los últimos tiempos en un modelo o sistema de interpretación, que se originó con este poder religioso papal con sus instituciones de enseñanza gobernadas por un supuesto falso profeta? Me pregunto, eso es todo.

Juan 10:14-16
14 yo soy el buen pastor, y conozco mis ovejas, y las mías me conocen.
15 como el Padre me conoce, así también yo conozco al Padre, y doy mi vida por las ovejas.
16 también tengo otras ovejas que no son de este redil; ésas también debo traer, y oirán mi voz, y habrá un redil y un pastor.

Volviendo a esta marca de la bestia. Sabemos por las Escrituras que la marca es con certeza una cosa. *Es una marca dada por un hombre para usurpar o socavar la autoridad de Dios.*

Apocalipsis 13:16-17
16 y hace que, a todos, pequeños y grandes, ricos y pobres, libres y esclavos, se les ponga una marca en la mano derecha o en la frente;
17 y que nadie pudiera comprar ni vender, sino el que tuviera la marca, o el nombre de la bestia, o el número de su nombre.

En contraste con la marca del hombre, tenemos el sello de Dios que Cristo nos dio.

II Corintios 1:21,22
21 ahora bien, el que nos afirma con vosotros en Cristo, y nos ungió, es Dios;
22 el cual también nos selló y dio las arras del Espíritu en nuestro corazón.

Efesios 1:13,14
13 en quien también confiasteis, después oísteis la palabra de verdad, el evangelio de vuestra salvación; en quien también después de que creísteis, fuisteis sellados con el santo Espíritu de la promesa,
14 que son las arras de nuestra herencia hasta la redención de la posesión comprada, para alabanza de su gloria.

Efesios 4: 30
30 y no contristéis al Espíritu Santo de Dios, con el cual fuisteis sellados para el día de la redención.

Eso es bastante claro, pero ¿en qué parte de las Escrituras encontramos el sello?

Como sucedió con la marca de la bestia, ¿es literal? ¿Es simbólico? ¿O es una decisión que tomamos con respecto a nuestra salvación y a Dios? Por favor considera lo siguiente:

La mayoría de las personas criadas en los Estados Unidos están familiarizadas con el Gran Sello de los Estados Unidos. Lo vemos cada vez que el presidente habla mientras se coloca detrás del podio para hablar en la oficina oficial del presidente. Alrededor del borde exterior del sello, están inscritas estas palabras, "SELLO del PRESIDENTE de los ESTADOS UNIDOS".

En el gobierno, su sello simboliza la autoridad de ese gobierno. *Ese sello contendrá siempre el título del titular del cargo y el territorio en el que gobierna dicho titular..*

Cuando ese sello se aplica a cualquier documento gubernamental, cualquier cosa que se declare en ese documento tiene el poder de ese gobierno para respaldarlo y darle credibilidad.

Entonces, ¿hay en alguna parte de las Escrituras un Gran Sello del Rey del Universo y Su gobierno? ¿Existe un sello que cuando se aplica al documento de las Sagradas Escrituras tiene el poder de Su gobierno para respaldarlo y darle credibilidad?

La respuesta es sí.

En el libro de Éxodo, encontrará un documento llamado Los Diez Mandamientos. La constitución de los Cielos, por así decirlo. Tiene sólo diecisiete versículos, así que le imprimiré una copia en caso de que haya pasado un tiempo de que lo hayas visto.

ÉXODO 20

1. Y Dios habló todas estas palabras, diciendo:
2. Yo soy el Señor tu Dios, que te saqué de la tierra de Egipto, de casa de servidumbre.
3. No tendrás dioses ajenos delante de mí.
4. No te harás imagen tallada ni semejanza alguna de nada que esté arriba en el cielo, ni abajo en la tierra, ni en las aguas debajo de la tierra;
5. No te inclinarás ante ellos, ni les servirás; porque yo, el Señor tu Dios, soy un Dios celoso, que visito la iniquidad de los padres sobre los hijos hasta la tercera y cuarta generación de los que me aborrecen;
6. Y mostrando misericordia a miles de los que me aman y guardan mis mandamientos.
7. No tomarás el nombre del Señor tu Dios en vano; porque el Señor no dará por inocente al que tome su nombre en vano.
8. Acuérdate del día de reposo para santificarlo.
9. Seis días trabajarás y harás toda tu obra:
10. Pero el séptimo día es sábado de Jehová tu Dios; en él no harás obra alguna, tú, ni tu hijo, ni tu hija, ni tu siervo, ni tu sierva, ni tu ganado, ni tu forastero que está dentro de tus puertas:
11. Porque en seis días hizo Jehová los cielos y la tierra, el mar y todo lo que en ellos hay, y reposó el séptimo día; por tanto, Jehová bendijo el día de reposo y lo santificó.
12. Honra a tu padre ya tu madre, para que tus días se alarguen en la tierra que Jehová tu Dios te da.
13. No matarás.
14. No cometerás adulterio.
15. No robarás.
16. No darás falso testimonio contra tu prójimo.
17. No codiciarás la casa de tu prójimo, no codiciarás la mujer de tu prójimo, ni su criado, ni su criada, ni su buey, ni su asno, ni nada que sea de tu prójimo.

Justo en el medio de esa Constitución está el Gran Sello del Rey del Universo. (La versión en inglés de este libro tiene los Diez Mandamientos en el antiguo inglés victoriano pues son muy significativos para el autor).

Éxodo 20: 8-11 Acuérdate del día de reposo para santificarlo.
9 seis días trabajarás y harás toda tu obra.
10 más el séptimo día es sábado de Jehová tu Dios; en él no harás obra alguna, ni tú, ni tu hijo, ni tu hija, ni tu siervo, ni tu sierva, ni tu ganado, ni tu forastero. que está dentro de tus puertas:
Porque en seis días **hizo Jehová los cielos y la tierra, el mar y todo lo que en ellos hay**, y reposó el séptimo día; por tanto, Jehová bendijo el día de reposo y lo santificó.

¿Puedes distinguirlo? *El título del titular del cargo y el territorio que gobierna el titular.*
El título del titular del cargo: el Señor, creador del cielo y la tierra.
¿Qué Señor sin embargo?

I Corintios 8:5 Porque, aunque haya quienes se llamen dioses, en el cielo o en la tierra, como hay muchos dioses y muchos señores.

¿Qué Señor afirma ser el Creador del Universo?
Juan 1:1-3,10,14
1 en el principio, era el Verbo, y el Verbo estaba con Dios, y el Verbo era Dios.
2 lo mismo sucedió al principio con Dios.
3 *todas las cosas fueron hechas por él,* y sin él nada de lo que ha sido hecho, fue hecho.
10 en el mundo estaba, y el mundo fue hecho por él, y el mundo no le conoció.
14 *y el Verbo se hizo carne y habitó entre nosotros,* y contemplamos su gloria, la gloria como del unigénito del Padre, lleno de gracia y de verdad.

Bueno, eso lo reduce bastante, ¿no? El Verbo que se convirtió en Jesucristo es el Rey del Universo en virtud del hecho de que Él lo creó desde el principio; lo que lo convierte en el *Rey de reyes y Señor de señores*.

Apocalipsis 19: 11-16
11 y vi el cielo abierto, y he aquí un caballo blanco, y el que lo montaba se llamaba Fiel y Verdadero, y con justicia, juzga y hace la guerra.
12 sus ojos eran como llama de fuego, y en su cabeza había muchas diademas; y tenía un nombre escrito, que nadie conocía, sino él mismo.
13 y estaba vestido con una ropa teñida en sangre; y su nombre es El Verbo de Dios.
14 y los ejércitos que estaban en el cielo lo seguían sobre caballos blancos, vestidos de lino fino, blanco y limpio.
15 y de su boca sale una espada aguda, para herir con ella a las naciones; y él las regirá con vara de hierro; y él pisa el lagar del vino del ardor y de la ira del Dios Todopoderoso.
16 y en su vestidura y en su muslo tiene escrito este nombre: REY DE REYES Y SEÑOR DE SEÑORES.

Apocalipsis 19: 16 Y en su vestidura y en su muslo tiene escrito este nombre: *Rey de reyes y Señor de señores.*

El territorio sobre el que Cristo reina y gobierna: el cielo y la tierra, el mar y todo lo que en ellos hay es *¡El Universo!*

Entonces, en este Gran Sello de Dios se encuentra el sello que simboliza la soberanía y la autoridad del gobierno del Cielo. Este sello contiene el título de su titular y el territorio en el que gobierna el Rey del Universo. En el centro de Su Ley Divina, los Diez Mandamientos, que son el fundamento de Su trono, el gobierno y Su dominio es el centro de Su voluntad. También se encuentra allí, quien ocupa ese cargo de ese gobierno Divino que es *Jesucristo el Gran Creador. Cristo lleva el nombre de su Padre, Yahveh el Verbo quien llegó a ser conocido por nosotros como Jesucristo, y Él es Rey de Reyes y Señor de Señores, Creador del Universo*

El Gran Sello cumple con todo el criterio. Ese sello se aplica a ese documento que le da el poder del gobierno del Cielo para respaldarlo con credibilidad.

Recuerda la profecía:

Apocalipsis 7:1-3
1 y después de estas cosas vi cuatro ángeles de pie sobre los cuatro ángulos de la tierra, sosteniendo los cuatro vientos de la tierra, para que el viento no sople sobre la tierra, ni sobre el mar, ni sobre ningún árbol.
2 y vi a otro ángel que subía del oriente, *que tenía el sello del Dios viviente*; y clamó a gran voz a los cuatro ángeles, a quienes se les había encomendado hacer daño a la tierra y al mar,

3 diciendo, No hagáis daño a la tierra, ni al mar ni a los árboles, hasta que sellemos a los siervos de nuestro Dios en sus frentes.

Apocalipsis 22:4 Y verán su rostro, y su nombre estará en sus frentes.

Apocalipsis 14:1 Y miré, y he aquí, un Cordero estaba en el monte Sión, y con él ciento cuarenta y cuatro mil, *que tenían el nombre de su Padre escrito en la frente.*

El Gran Sello de Dios se ve claramente en Sus gloriosos Diez Mandamientos. Específicamente el cuarto mandamiento, que exige nuestro respeto y amor al llamarnos a tener compañerismo y adorarlo en un tiempo y lugar sagrado. Un tiempo y lugar en el que Cristo ordena que sus bendiciones especiales estén sobre su pueblo. Un tiempo y un lugar en el que Su Amor se manifiesta de una manera única e inigualable en cualquier otro momento del tiempo; *el séptimo día, sábado.*

Un momento en el tiempo donde el Hijo de Dios, Jesucristo el maravilloso, amoroso y magnífico, ha puesto la firma de Su Padre, YAHVEH, YO SOY EL QUE SOY.

Un momento sagrado para el Creador del Cielo y la Tierra, que ha sido atacado y controvertido por otro momento que el hombre ha puesto en su lugar. Una hora del primer día de la semana llamado domingo.

Ese momento en que la profecía predicha se cumpliría antes del fin de los tiempos. Esa profecía se encuentra en el Libro del profeta Daniel. Daniel identifica al que logra una hazaña tan sagrada como cambiar los tiempos, las leyes y los momentos de Dios.

Daniel 7: 25 Y *hablará* grandes palabras contra el Altísimo, y agotará a los santos del Altísimo, *y pensará en cambiar los tiempos y las leyes*; y serán entregados en su mano hasta el tiempo y los tiempos y la división de tiempo. (1260 años)

Capítulo 14

La Maravillosa Maravilla de la Historia

He llegado a este lugar en mi testimonio en el que tengo que tomar una decisión. Una decisión de compartir o no contigo una revisión bíblica e histórica exhaustiva de la profecía y las Escrituras para probarte la identidad bíblica de las personas u organizaciones a quienes la Palabra de Dios identifica como responsables de tal sacrilegio mencionado en el capítulo anterior. O de la misma Palabra de Dios y por mi testimonio, compartir contigo cómo se sienten Jesucristo y nuestro Padre Celestial sobre este tema decisivo. He elegido este último por las siguientes razones.

A lo largo de los siglos, los eruditos y teólogos sobre este tema han tenido discusiones y debates. De hecho, como ya sabrás, el movimiento protestante del siglo XVI nació de estos debates tan feroces y acalorados.

Por tanto, mi propósito aquí no es volver a plantear estos problemas. Es solo para compartirte bíblicamente cómo se sienten Cristo y Su Padre con relación a este tema y para testificarte a través de mi testimonio de lo que creo que es la verdad y de cómo el haberme atrapado en este terrible engaño espiritual ha cambiado mi vida.

Los libros de Daniel y el Apocalipsis nos confrontan con estos problemas y la profundidad del sentimiento de Dios al respecto. Como se compartió anteriormente, dado que Cristo creó todas las cosas, creó el día de adoración. Por lo tanto, tiene sentimientos especiales sobre su día de adoración. Nos da una advertencia especial del amor sobre su observancia. Las voces de esos tres ángeles son cada vez más fuertes. ¿Puedes oírlos?

Apocalipsis 14:6-10 Y vi a otro ángel volar en medio del cielo, con el evangelio eterno para predicarlo a los moradores de la tierra, a toda nación, tribu, lengua y pueblo,
7 diciendo a gran voz: *Teme a Dios y dale gloria; porque ha llegado la hora de su juicio; adorad* al que hizo los cielos y la tierra, el mar y las fuentes de las aguas.
8 y otro ángel le siguió, diciendo: Ha caído, ha caído Babilonia, esa gran ciudad, porque ha dado a beber a todas las naciones del vino del furor de su fornicación.
9 y el tercer ángel los siguió, diciendo a gran voz: Si alguno adora a la bestia y a su imagen, y recibe la marca en su frente o en su mano,
10 el mismo beberá del vino de la ira de Dios, que es derramado sin mezcla en la copa de su indignación; y será atormentado con fuego y azufre en presencia de los santos ángeles y en presencia del cordero.

Ahí está el tema justo frente a nosotros, y parece que el Dios (Jesús) que creó el cielo y la tierra siente una fuerte preocupación por Su pueblo, adorándolo a Él y no a la bestia o su imagen.

Ahora, antes de entrar en el tema de adorar a Dios versus adorar a la bestia (que, como verán, es un poder gubernamental que intenta cambiar las leyes de Dios), por ahora me gustaría compartir contigo cómo me siento acerca de este tema.

Tomo la posición que se encuentra en mi nuevo Libro del apóstol Pablo donde él declara en:

Romanos 8:29 Porque a los que antes (Dios) conoció, también los predestinó para que fuesen hechos conformes a *la imagen de su Hijo,* para que él sea el primogénito entre muchos hermanos.

Mientras miro el tema de la imagen de la bestia, quiero salir del examen del tema, contemplando y amando a Jesucristo, más que despreciando a la bestia o su imagen. ¿Qué dices?

Amar a nuestro Señor y Salvador es más importante que despreciar a la bestia o temer a la bestia, haga lo que haga.

Ustedes, estudiantes de la profecía, que no han estudiado este tema por sí mismos, tienen que ponerse al día. Dicho esto, comencemos una breve descripción de los libros de Daniel y Apocalipsis

Si tuvieras un libro de profecías compuesto únicamente por Daniel y Apocalipsis, lo que tendrías es un libro de la historia del mundo desde aproximadamente el año 600 a. C. hasta el fin de los tiempos.

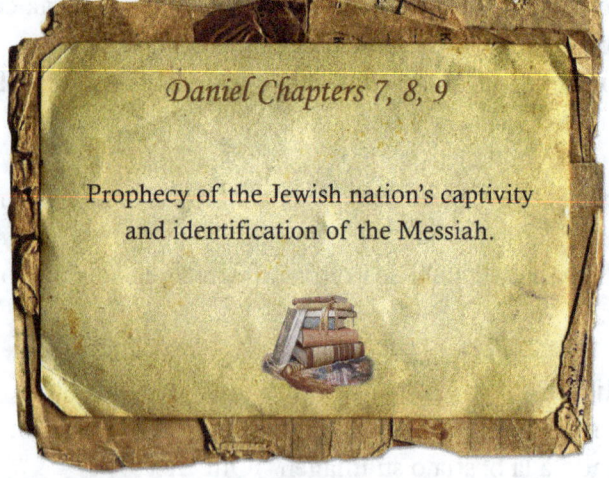

En los capítulos 7, 8 y 9 de Daniel tienes la profecía del cautiverio de la nación judía y la identificación del Mesías.

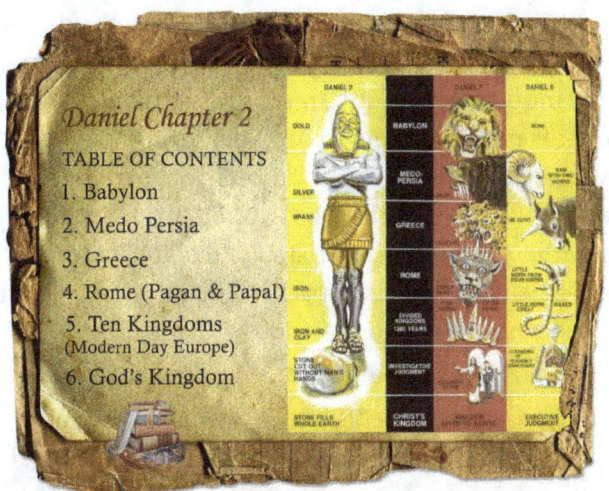

El capítulo 2 de Daniel contendría la tabla de contenido que describe la historia de los grandes imperios mundiales.

Daniel 12 declara que el libro de Daniel es un libro escrito para el tiempo del fin. Por cierto, Antiochus Epiphanes vivió mucho antes de la época del fin cuando los chips de computadora y los códigos de barras no podrían, como algunos creen, usarse para implementar la marca de la bestia. Entonces, las profecías de Daniel y Apocalipsis no se centran en él.

Ahora, pasando de Daniel, vamos a Apocalipsis 12 que identifica un poder como la Roma pagana o Apocalipsis pagana 12:

4. (Recuerda que no estoy intentando probar estos puntos a continuación histórica o teológicamente o incluso políticamente. Solo estoy mostrando cuán profundamente se sienten Cristo y Su Padre acerca de estos problemas del tiempo del fin).

Ahora, en Daniel 7 y Apocalipsis 13, encontrarás ocho identificadores claros y distintivos del poder de la bestia que Martín Lutero identificó como el Anticristo. Este poder deriva su autoridad de la Roma pagana y tiene la capacidad de implantar una marca de propiedad en sus ciudadanos.

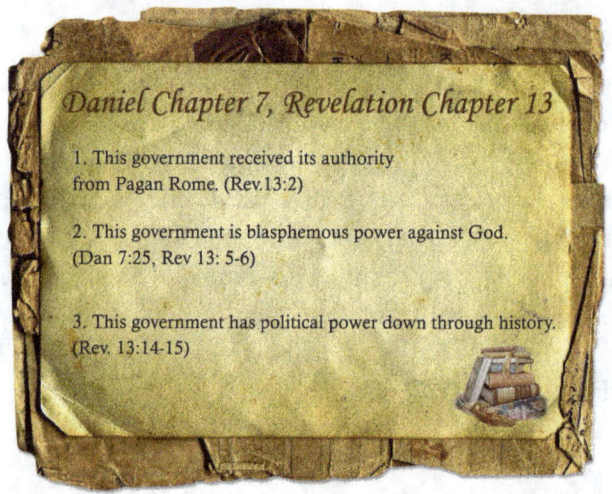

1. Este gobierno recibió su autoridad de la Roma pagana.
2. Este poder y gobierno de la bestia es un poder blasfemo contra Dios.
3. Este gobierno tiene poder político a lo largo de la historia del tiempo.

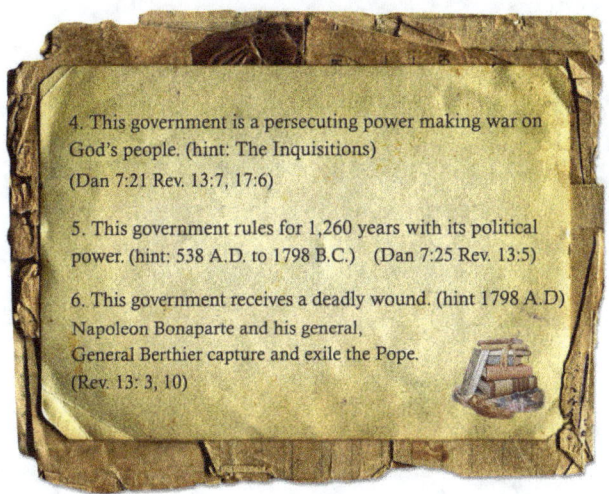

4. Este gobierno es un poder perseguidor que hace la guerra al pueblo de Dios. (pista: Las Inquisiciones)
5. Este gobierno gobierna durante cuarenta y dos meses o 1260 años con su poder político (pista: 538 d. C. a 1798 d. C.).
6. Este gobierno recibe una herida mortal (Pista: 1798 d.C., Napoleón Bonaparte y el general de su ejército, el general Berthier captura y exilia al Papa).

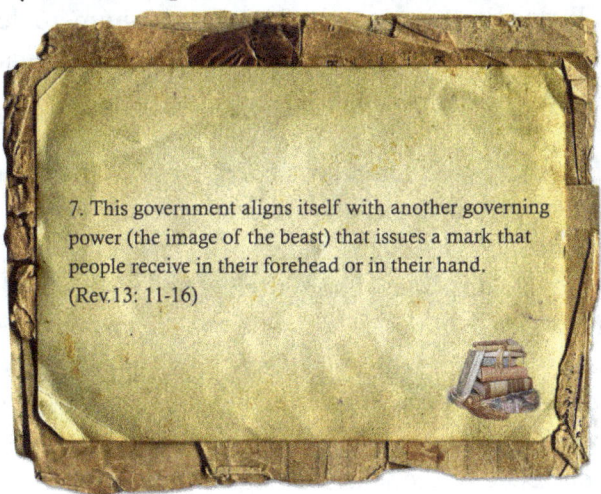

7. Este gobierno alineándose con otro poder gobernante (la imagen de la bestia) emite una marca que la gente recibe en su frente o en su mano.

8. Este gobierno tiene un número asignado
(Sugerencia: Valores de los números romanos VICARIUS FI-LII DEI traducido como Vicario de Cristo, un título del que el Papa de toda la historia se jacta de ser exclusivamente suyo).

Este es el hombre del pecado, al que el gran profesor alemán, el doctor Martín Lutero, llamó el anticristo. Jesucristo dijo: "Aquí hay sabiduría. El que tiene entendimiento, cuente el número de la bestia, porque es el número de un hombre; y su número es; Seiscientos sesenta y seis ". **Apocalipsis 13:18**

NOTA: Sin embargo, este número no tiene importancia sin los otros siete identificadores históricos y bíblicos.

Entonces la Biblia lo profetizó, la historia lo verificó, y en virtud de su propia admisión, el poder religioso / político del Vaticano (la institución papal, el poder bestial de Apocalipsis 13) se ha atrevido a usurpar la autoridad de las Escrituras. *Se atrevió a transferir sin autoridad bíblica el carácter sagrado del sábado del séptimo día al primer día de la semana domingo.*

Si dudas de mí, considera lo siguiente:

Cita: "Fue la Iglesia Católica la que, por la autoridad de Jesucristo, ha trasladado este descanso al domingo en recuerdo de la resurrección de nuestro Señor. Así, la observancia del domingo por los protestantes es un homenaje que rinden, a pesar de sí mismos, a la autoridad de la Iglesia católica ". (Mons. Segur, Charla Clara sobre el Protestantismo de Hoy ("Plain Talk About the Protestantism of Today" titulo en ingles), p. 213)

"Pregunta: ¿Tiene alguna otra forma de probar que la Iglesia tiene el poder de instituir fiestas de precepto?"

"Respuesta: Si ella no tuviera tal poder, no podría haber hecho aquello en lo que todos los religiosos modernos están de acuerdo con ella; - ella no podría haber sustituido la observancia del domingo el primer día de la semana por la observancia del sábado séptimo, un cambio para el cual no hay autoridad bíblica ". (Stephen Keenan, Un catequismo doctrinal, p. 174)

Finalmente, esto es de una reimpresión de los editoriales del Espejo Católico por la Asociación Internacional de Libertad Religiosa publicados en Chicago, titulado 'El desafío de Roma: ¿Por qué los protestantes guardan el domingo?' (Una cita del Arzobispo de Reggio, en el Concilio de Trento .)

"Los protestantes afirman basarse únicamente en la palabra escrita. Profesan tener solo las Escrituras como estándar de fe. Justifican su rebelión alegando que la Iglesia ha renegado de la palabra escrita y sigue la tradición. Ahora los protestantes afirman que se basan en la palabra escrita solamente, lo cual no es verdad. **Su profesión de tener solo las Escrituras como estándar de fe es falsa**"(énfasis mío)

Prueba: La palabra escrita ordena explícitamente la observancia del séptimo día como sábado. No observan el séptimo día, sino que lo rechazan. Si realmente sostienen solo las Escrituras como su estándar, estarían observando el séptimo día como lo prescriben las Escrituras en todo momento. Sin embargo, no sólo rechazan la observancia del sábado ordenada en la palabra escrita, sino que han adoptado y practican la observancia del domingo, para lo cual solo tienen la tradición de la Iglesia. En consecuencia, la afirmación de que "las Escrituras solo son el estándar" falla; y la doctrina de "Escritura y tradición" como esencial está plenamente establecida, siendo los propios protestantes los jueces. (Otra vez el énfasis es mío)

(Nota a pie de página 7 Véanse las actas del Concilio; Confesión de Augsburgo; Enciclopedia día Británica, artículo "Trento, Concilio de").

Daniel 7: 25 Y hablará grandes palabras contra el Altísimo, y agotará a los santos del Altísimo, y pensará en cambiar los tiempos y las leyes; y serán entregados en su mano hasta el tiempo y los tiempos y la división de tiempo. (1260 años)

II Tesalonicenses 2: 3,4

3 Nadie os engañe de ninguna manera; porque no vendrá ese día, sin que primero venga la apostasía, y se manifieste el hombre de pecado, el hijo de perdición;

4 *el cual se opone y se ensalza a sí mismo sobre todo lo que se llama Dios o se adora*; de modo que él como Dios se sienta en el templo de Dios, (El Vaticano) haciéndose pasar por Dios.

Las Escrituras declaran con respecto a Satanás:

Satanás se revelo en contra de la autoridad de Dios

Isaías 14:12-14

12 ¡Cómo caíste del cielo, oh, Lucifer, hijo de la mañana! ¡Cómo has sido derribado a tierra, que ha a las naciones!

13 Porque has dicho en tu corazón: Subiré al cielo, exaltaré mi trono sobre las estrellas de Dios; también me sentaré sobre el monte de la congregación, a los lados del norte.

14 Subiré por encima de las alturas de las nubes; *Seré como el Altísimo*.

Solo el Dios del universo mismo puede cambiar las leyes que gobiernan el universo y ese es el fundamento de Su gobierno. Como dijo una vez un conocido maestro de la Biblia: "Si yo fuera Satanás y viese un día reservado para honrar al Creador que me creó, me enfurecería tanto que decidiría hacer algo al respecto". Bueno, Satanás lo hizo, a través de la institución del Vaticano.

En este punto de mi testimonio, quiero tomar la misma posición que Martín Lutero y rezar la oración que le escribió a su familia en 1540.

> Oh, Cristo mi Señor, míranos y tráenos tu Día del Juicio, y destruye la prole de Satanás en Roma. Allí se sienta el Hombre, de quien el apóstol Pablo escribió (II Tesalonicenses 2: 3,4) que se opondrá y se exaltará a sí mismo por encima de ese Dios, ese Hombre de pecado, ese, ese hijo de perdición. ¿Qué más es el poder papal sino el pecado y la corrupción? Lleva a las almas a la destrucción bajo tu nombre, oh, Señor ... Espero que el Día del Juicio llegue pronto. Las cosas pueden empeorar y no se pondrán peor de lo que están en este momento. La sede papal practica la iniquidad hasta las alturas. Suprime la Ley de Dios y exalta sus mandamientos por encima de los mandamientos de Dios.
>
> (La fe profética de nuestros padres, Volumen 2, página 281) (Énfasis mío)

Mi historia y testimonio no son comparables a los de Martin Lutero, los he comparado con mi viaje por la vida. Una vida que comenzó en una fría mañana del 27 de noviembre del año 1944 en el pueblo de Poplar Bluff, Missouri, con un joven que fue adoptado en una familia de esa comunidad.

Como ese joven que fue criado en un estilo de vida que contenía semillas de desastrosas consecuencias que fueron sembradas en su joven y fértil mente; ese niño perdió la verdad que se le escondió en una iglesia que también estaba ministrando en las tinieblas del error. Ese niño, en este contexto de oscuridad, desperdiciaría la oportunidad de dar y vivir su vida por su Señor y Salvador. Un joven que se convertiría en hombre y sería arrojado desde las alturas del pecado del placer en una pesadilla viviente de veintitrés años debido a un profundo engaño espiritual. Al igual que un rey llamado Nabucodonosor lo hizo hace muchos años.

Este joven se convirtió en hombre, fracasó en todos los aspectos de su vida, fracasó en las relaciones por vivir en una familia disfuncional, fracasó en su capacidad para mantener el autocontrol e incluso fracasó en mantener la vida misma.

Sin embargo, a pesar de todo este quebrantamiento, dolor y pena que resultaron en largos años de enfermedad mental, *el Dios del Amor y la Misericordia* miró desde el Cielo con compasión esta vida rota. Y debido a la intervención de Su Hijo en una cruz cruel hace dos mil años, intervino en este lamentable ejemplo de vida; dándole esperanza y seguridad de salvación.

Salmos 51: 17 Los sacrificios de Dios son el espíritu quebrantado; al corazón contrito y humillado, oh, Dios, no despreciarás.

No solo derrotó al enemigo de la felicidad de la humanidad en esa colina solitaria ese día. Mil novecientos noventa y tres años después, Él derrotaría al gran adversario una vez más y liberaría a un hombre quebrantado del poder opresivo de ese enemigo. ¡Hace dos mil años Cristo clamó: "¡Consumado es", y el 17 de junio de 1993 proclamó una vez más "Consumado es" y liberó a este cautivo!

Luego, en Su gran y tierno amor, me introdujo en la gloriosa y maravillosa experiencia de Su Nuevo Pacto.

Hebreos 8:10 Porque este es el pacto que haré con la casa de Israel después de aquellos días, dice Jehová; *Pondré mis leyes en su mente y las escribiré en su corazón; y seré para ellos un Dios, y ellos serán para mí un pueblo.*
Gálatas 2:20 Estoy crucificado con Cristo; sin embargo, vivo; pero no yo, sino Cristo que vive en mí; y la vida que ahora vivo en la carne, la vivo por la fe del Hijo de Dios, que me amó y se entregó a sí mismo por mí.

II Corintios 5:17 De modo que, si alguno está en Cristo, nueva criatura es; *las cosas viejas pasaron; he aquí todas son hechas nuevas.*

Y la transacción más gloriosa en el universo de Dios:

II Corintios 5:21 Porque al que no conoció pecado, por nosotros lo hizo pecador; para que seamos hechos justicia de Dios en él.
Colossians 1:27 A quienes Dios quiso dar a conocer las riquezas de la gloria de este misterio entre los gentiles; *que es Cristo en vosotros, la esperanza de gloria.*

Esto lleva a un punto muy importante que quiero señalar. Este viaje de mi revelación de las tinieblas a la revelación de Su luz maravillosa me recuerda una historia sobre Jesús durante Su viaje por esta vida. Es una historia sobre la responsabilidad.

Mientras Cristo, en su camino estaba enseñando a sus discípulos en Jerusalén, su camino se cruzó con un ciego que mendigaba junto al camino. Encontré esta historia en mi nuevo libro, en el libro de Juan. Si tienes tu libro, lee la historia completa tu mismo: es hermosa. Me recuerda mucho a mi historia. Solo voy a compartir lo suficiente para demostrar algo.

Juan 9:1-5 Al pasar Jesús, vio a un hombre ciego de nacimiento.
2 Y le preguntaron sus discípulos, diciendo: Maestro, ¿quién pecó, este o sus padres, para que haya nacido ciego?
3 Respondió Jesús: Ni éste pecó, ni sus padres, *sino para que las obras de Dios se manifiesten en él.*
4 Es necesario que haga las obras del que me envió, entre tanto que es de día; la noche viene cuando nadie puede trabajar.
5 Mientras estoy en el mundo, soy la luz del mundo.

Esto es lo que creo que el Señor me dijo en la historia de mi vida. *"El propósito de tu experiencia no es echarle la culpa a nadie, sino que la gloria de Dios sea revelada. Mientras estoy en el mundo, soy la luz del mundo".*

Lo que he intentado compartir contigo en este testimonio es lo que mi nuevo Libro llama "la gloria de este misterio ... que es Cristo en ustedes, la esperanza de gloria" (Colosenses 1:27).

Es la gloria de Cristo revelada por el ángel del Apocalipsis que desciende del cielo. Tener un gran poder que ilumina la tierra con su gloria, una gloria que se da como un regalo a un pueblo indigno y plagado de pecados. Es por eso por lo que este don celestial, dado tan gratuitamente a los seres humanos pecadores por el ministerio celestial de Cristo Jesús y el Espíritu Santo, constituye el aspecto especial del evangelio eterno del que se habla en el libro de Apocalipsis.

> **Apocalipsis 18:1** Y después de estas cosas vi a otro ángel descender del cielo con gran poder; y la tierra fue iluminada con su gloria.
> **Apocalipsis 14:6,7** Y vi a otro ángel volar en medio del cielo, *con el evangelio eterno para predicarlo a los moradores de la tierra*, a toda nación, tribu, lengua y pueblo,
> 7 diciendo a gran voz: Teme a Dios y dale gloria; porque ha llegado la hora de su juicio; *adorad al que hizo los cielos y la tierra, el mar y las fuentes de las aguas.*

Entonces, obviamente, hay algo en el mensaje de este ángel del cielo con respecto a adorar a Cristo el Creador en lugar de adorar a la bestia, lo que constituye una "buena noticia". A pesar de esas "buenas nuevas", Cristo mismo todavía se siente fuertemente acerca de este tema de adorarlo a Él y a Su Padre en lugar de a la bestia o recibir su marca o el número de su nombre porque Él dice en Su Libro:

> **Apocalipsis 14:9,10** Y el tercer ángel los siguió, diciendo a gran voz. Si alguno adora a la bestia y a su imagen y recibe su marca en la frente o en la mano.
> 10 El mismo beberá del vino de la ira de Dios, que es derramado sin mezcla en la copa de su indignación; y será atormentado con fuego y azufre en presencia de los santos ángeles y del Cordero.

No obtienes sentimientos mucho más fuertes que esos. ¡Tened compasión! Pero así de fuerte se siente Dios acerca de este tema de los últimos tiempos de adorar al poder de la bestia en lugar de a Él.

No tendrás dioses ajenos delante de mí… No te inclinarás ante ellos, ni les servirás, porque yo, el Señor tu Dios, soy un Dios celoso. **Éxodo 20: 3,4**

Sin embargo, a la luz de las Escrituras y mi testimonio, esto es lo que creo y creo que las buenas nuevas están en este mensaje.

En mi *nuevo libro*, hay un libro llamado Deuteronomio. En ese libro, hay un texto muy especial que deseo compartir contigo.

Deuteronomio 5:15 Y recuerda que fuiste siervo en la tierra de Egipto y que Jehová tu Dios te sacó con brazo extendido; *por tanto, Jehová tu Dios te mandó santificar el día de reposo.*

Me gusta la forma en que la Biblia en inglés de hoy lo expresa: "Recuerden que fueron esclavos en Egipto y que yo, el Señor su Dios, los rescaté con mi gran poder y fortaleza. Por eso te ordené que santificaras el sábado".

Pero puede que digas que el texto fue escrito para los israelitas y no para nosotros como cristianos de hoy en día. Permíteme hacerte una pregunta. ¿Qué representa Egipto? ¿No era Egipto la ciudad capital de un sistema de adoración falso con sus dioses del Nilo, dioses del inframundo y sus faraones que gobernaban y debían ser adorados como dioses del sol? La historia es muy clara en este momento.

Entonces, ¿se puede equiparar al antiguo Egipto, la capital de un sistema de adoración falso, con Apocalipsis Babilonia, la madre de las rameras?

La historia nuevamente testifica la verdad de que Babilonia era el centro de un sistema de adoración falso. Con Nimrod adorado como el dios sol, Tammuz, etc., y todos sus otros dioses y diosas.

La Biblia y los eruditos bíblicos equiparan la Babilonia espiritual en el libro de Apocalipsis con un sistema de adoración religioso corrupto.

Apocalipsis 17: 5 Y en su frente estaba escrito un nombre: MISTERIO, BABILONIA LA GRANDE, MADRE DE LAS RAMERAS Y ABOMINACIONES DE LA TIERRA

Un sistema falso de adoración tan corrupto que provoca un anuncio de un ángel directamente desde el cielo mismo.

Apocalipsis 18
"Después de estas cosas vi a otro ángel
descender del cielo con gran poder;
y la tierra fue iluminada con su gloria.
2. Y clamó con gran voz con gran voz, diciendo:
Ha caído, ha caído, ha caído,
y ha sido convertida la gran Babilonia
la morada de los demonios,
y el refugio de todo espíritu inmundo,
y una jaula de todo espíritu inmundo
y pájaro odioso ".

Por lo tanto, veo el texto de Deuteronomio 5 como aplicable a nosotros en esta generación, como lo hizo para los judíos en su generación.

Porque como he compartido contigo en mi testimonio y declaración de que me había convertido en el destinatario de las consecuencias de la adoración en un sistema de adoración falso (y mis propias decisiones tontas). Un sistema de adoración que se ha atrevido, sin la autoridad de las Escrituras, pero que se jacta de su poder para hacerlo, a transferir el carácter sagrado y la santidad del sábado del séptimo día a un día laboral común de la semana, el domingo. Este cambio no autorizado de la Ley de Dios no solo no es bíblico, sino que es un sacrilegio impío con consecuencias tanto eternas como seculares.

Este antiguo pero moderno sistema de adoración falsa declara que su líder es igual a Dios y debe ser reverenciado como Dios.

Lo que deseo compartir contigo ahora es un artículo sobre el que leí, y que me ha perseguido después de la muerte del Papa Juan Pablo II y la elección del Papa Benedicto XVI. Todo el esplendor, las circunstancias y el ritual rivalizaban con cualquier monarca, rey, reina o presidente terrenal. Como escuché a un sacerdote católico decir "el Vaticano ha sido dueño de las ondas de radio durante el mes de abril", ciertamente estoy de acuerdo con él en que no tenía precedentes.

Sin embargo, deberíamos sorprendernos de las Escrituras profetizadas en Apocalipsis 13: 3 "todo el mundo se maravilló en pos de la bestia".

La siguiente es una cita de ese artículo. El artículo se llama "Prompta Bibliotheca". Traducido de Lucius Ferraris, el artículo titulado "Papa", Volumen VI, y páginas 26 a 29.

"El Papa es de tan gran dignidad y tan exaltado que no es un mero hombre, sino como si fuera Dios, y el vicario de Dios…. El Papa tiene una dignidad tan elevada y suprema que, hablando con propiedad, no se le ha establecido ningún rango de dignidad, sino que se le ha colocado en la cima misma de todos los rangos de dignidades. … El Papa es llamado santísimo porque se presume con razón que lo es … Solo al Papa se le llama merecidamente con el nombre de 'santísimo' porque solo él es el vicario de Cristo, que es el fundamento, la fuente y la plenitud de toda santidad … 'Él es igualmente el monarca divino y el emperador supremo, y el rey de reyes' … Por lo tanto, el Papa es coronado con una triple corona, como rey del cielo y de la tierra y las regiones inferiores …
Además, la superioridad y el poder del Pontífice Romano de ninguna manera pertenecen solo a las cosas celestiales, a las cosas terrenales y a las cosas debajo de la tierra, sino que son incluso sobre los ángeles que él es mayor … De modo que, si fuera posible que los ángeles pudieran equivocarse en la fe, o pudieran pensar en contra de la fe, pudieran ser juzgados y excomulgados por el Papa … Porque él es de tan gran dignidad y poder que forma el mismo tribunal con Cristo …"
El artículo continúa diciendo,

"El Papa es como Dios en la tierra, único soberano de los fieles de Cristo, jefe de reyes, que tiene plenitud de poder, a quien ha sido confiado por el Dios omnipotente la dirección no solo del reino terrenal sino también del celestial ... *El Papa tiene una autoridad y un poder tan grandes que puede modificar, explicar o interpretar incluso las leyes divinas*". (énfasis mío)

Las pretensiones arrogantes del sistema religioso / político casi dejan a uno sin aliento, pero se profetizó que sucedería, en la Palabra de Dios. (Daniel 7:25)

Por lo tanto, con la evidencia bíblica e histórica que tenemos ante nosotros, que ha sido documentada, demostrada y proclamada con arrogancia por la propia institución papal; *Veo el sistema de adoración dominical como un ataque de confrontación contra la autoridad de Dios y Su Soberanía Todopoderosa y constituye, como se evidencia, la marca de la bestia.*

Cualquier religión o sistema de adoración falso que lucha contra la soberanía del Dios Todopoderoso le roba a su pueblo el poder y la gloria que se encuentra solo en Jesucristo.

Daniel 7:25 Y hablará grandes palabras contra el Altísimo, consumirá a los santos del Altísimo *y pensará en cambiar los tiempos y las leyes.*

Piensa cambiar la ley y el tiempo consagrados a Cristo Jesús, Creador del cielo y de la tierra; una ley y un tiempo que el Soberano del Universo ha colocado en el centro de Su Ley de los Diez Mandamientos que gobierna el cielo y la tierra.

Un momento sagrado de tiempo colocado en Su ley que ha sido atacado y controvertido. La humanidad está a la cabeza de un *sistema religioso falso que ha eliminado ese momento sagrado del tiempo llamado Sábado del Séptimo Día y lo reemplazó con otro momento del tiempo el primer día de la semana llamado Domingo.*

El líder de este sistema religioso exige que aquellos que se someten a ese sistema de adoración demuestren su lealtad y obediencia a ese cambio manteniendo sagrado el primer día de la semana en lugar del séptimo sábado.

Nadie u objeto en el cielo o en la tierra es el ser que puede exigir obediencia, porque el Dios de la Ley de los Diez Mandamientos es el que creó todas las cosas. Solo Jesucristo, el gran Legislador y quien perfectamente representó esa Ley ante el mundo, pudo hacer tal cambio en esa santidad de ese día o esa Ley. Y en ninguna parte de las Sagradas Escrituras se registra que Él hizo o intentó hacer tal cambio.

La Ley del Cuarto Mandamiento es un arma que se puede usar contra la adoración falsa. Porque esta Ley no se puede aplicar a ningún dios falso, gobernantes o sistemas religiosos falsos para ordenar la adoración en un sábado falso creado por el hombre. La humanidad que "no ha hecho los cielos y la tierra, el mar y todo lo que en ellos hay" no tiene tal autoridad bíblica".

Porque en seis días hizo Jehová los cielos y la tierra, el mar y todo lo que en ellos hay, y reposó el séptimo día; por tanto, Jehová bendijo el día de reposo y lo santificó.

El Papa y el Vaticano hacen muchas afirmaciones, como el poder de absolver el pecado, el poder de crear al Creador a través de la doctrina de la transubstanciación, la capacidad de actuar como mediador entre Dios y el hombre, y la lista continúa. Pero una cosa que no puede reclamar es ser el Creador del cielo y la tierra, el mar y todo lo que hay en ellos.

El autor de esta Ley ha declarado quién es Él, la extensión de Su dominio y Su derecho a gobernar ese dominio.

Por lo tanto, todo ser creado debe reconocer que Cristo Jesús y solo Él, que es el Creador de todas las cosas, tiene el derecho exclusivo de exigir la obediencia de todas sus criaturas, incluidos católicos, papas, cardenales, obispos, sacerdotes, feligreses, clero protestante, Ministros protestantes y miembros de la iglesia protestante, judíos, musulmanes, hindúes, ateos, etc.

Esta Ley escrita con el propio dedo de Dios tiene Su firma y contiene el Sello de Su gobierno y autoridad. Esta Ley es para siempre vinculante para su verdadero pueblo que, en amorosa lealtad, felizmente se subrogan a Su Ley de Amor y Libertad.

El Papa afirma que tiene derecho a ser llamado santísimo porque se presume legítimamente que lo es....

Incluso Cristo, a quien el Papa afirma ser su vicario, dijo de sí mismo:

Mateo 19:17... ¿Por qué me llamas bueno? no hay nada bueno sino uno, que es Dios; pero si quieres entrar en la vida, guarda los mandamientos.

Mateo 23: 8-10

8 Pero no te llames Rabí, porque uno es vuestro Maestro, el Cristo; y todos vosotros sois hermanos.

9 Y no llaméis padre vuestro a nadie en la tierra, porque uno es vuestro Padre, que está en los cielos.

10 Ni seáis llamados amos, porque uno es vuestro Amo, el Cristo.

II Tesalonicenses 2:3,4

3 Nadie os engañe de ninguna manera; porque no vendrá ese día, sin que primero venga la apostasía, *y se manifieste el hombre de pecado, el hijo de perdición;*

4 el cual se opone y se ensalza a sí mismo sobre todo lo que se llama Dios o se adora; de modo que él como Dios se sienta en el templo de Dios, (el Vaticano) *haciéndose pasar por Dios.*

El artículo titulado "Papa" afirmaba también que sólo al Papa se le llama merecidamente con el nombre de 'santísimo' porque solo él es el Vicario de Cristo, que es el fundamento, fuente y plenitud de toda santidad ... 'Él también es el monarca divino y emperador supremo, y rey de reyes' ...

Rey de reyes es un título sagrado reservado para uno solo y ese es *Jesucristo el Señor*.

Apocalipsis 19:11-16
11 Y vi el cielo abierto, y he aquí un caballo blanco, y el que lo montaba se llamaba Fiel y Verdadero, y con justicia, juzga y hace la guerra.
12 Sus ojos eran como llama de fuego, y tenía un nombre escrito que nadie conocía sino él mismo.
13 Y estaba vestido con una ropa teñida en sangre; y su nombre es la Palabra de Dios.
14 Y los ejércitos que estaban en el cielo lo seguían sobre caballos blancos, vestidos de lino fino, blanco y limpio.
15 *Y de su boca sale una espada aguda, con ella herirá a las naciones; y los regirá con vara de hierro; y pisa el lagar del vino del ardor y de la ira del Dios Todopoderoso.*
16 Y en su vestidura y en su muslo tiene escrito este nombre: REY DE REYES Y SEÑOR DE SEÑORES.

Incluso los líderes religiosos y maestros de la época de Cristo entendieron que ningún hombre es un mediador entre Dios y el hombre pecador para usurpar el poder de Dios para perdonar al hombre sus pecados.

Marcos 2:7 ¿Por qué habla este hombre blasfemias? ¿Quién puede perdonar pecados sino solo Dios?

I Timoteo 2:5 Porque hay un solo Dios, y un solo mediador entre Dios y los hombres, Jesucristo el hombre.

Nosotros, como cristianos, somos justificados por la fe en Cristo y nuestros pecados son perdonados por la ofrenda de sacrificio de la sangre derramada de Cristo como castigo por nuestra transgresión de la Santa y Sagrada Ley de Dios. No mediante actos de penitencia, recepción de la Eucaristía, rezo de rosas, oraciones a los santos muertos o viajes a la Santa Sede.

Ser reconciliado con Dios, lo que se llama justificación, es nuevamente a través de la fe en Jesucristo y la recepción de la justicia de Cristo por la fe que se manifestará en obediencia a todos los mandamientos de Dios.

Efesios 2: 8 Porque por gracia sois salvos por la fe y no por vosotros mismos; es un regalo de Dios.
Apocalipsis 14:12 Aquí está la paciencia de los santos: aquí están los que guardan los mandamientos de Dios y la fe de Jesús.

Sin embargo, debido a la influencia de este sistema de adoración falso sobre el pueblo de Dios, muchos han perdido de vista a Jesús como el único mediador entre Dios y la humanidad. Ningún hombre, ni siquiera un papa o un ministro protestante puede usurpar a Cristo como nuestra única esperanza de perdón y salvación.

Satanás sabe que uno de los mayores engaños es que no tiene importancia lo que creemos como pueblo de Dios; *porque sabe que el amor a la verdad y la recepción de ella santifica al creyente y lo prepara para la transformación.*

Pablo habla de aquellos que no reciben el amor de la verdad por el cual pueden ser salvos. Debido a esto, Dios les enviará un fuerte engaño de que tal vez pierdan su salvación quienes no creen en la verdad, pero se complacen en la injusticia.

II Tesalonicenses 2: 3-14
3 Nadie os engañe de ninguna manera; porque no vendrá ese día, sin que primero venga la apostasía, y se manifieste el hombre de pecado, el hijo de perdición;
4 el cual se opone y se ensalza a sí mismo sobre todo lo que se llama Dios o se adora; de modo que se sienta en el templo de Dios como Dios, haciéndose pasar por Dios.
5 ¿No os acordáis de que cuando aún estaba con vosotros, os dije estas cosas?
6 Y ahora sabéis lo que le impide ser revelado en su tiempo.
7 Porque el misterio de la iniquidad ya obra; sólo el que ahora deja, dejará, hasta que sea quitado del camino.

8 Y entonces se manifestará el impío, a quien el Señor matará con el espíritu de su boca, y destruirá con el resplandor de su venida.
9 *Aquel cuya venida es por obra de Satanás, con todo poder, señales y prodigios mentirosos,*
10 *Y con todo engaño de iniquidad en los que perecen; porque no recibieron el amor de la verdad para ser salvos.*
11 *Y por esto Dios les enviará un poder engañoso, para que crean la mentira;*
12 *para que sean condenados todos los que no creyeron a la verdad, sino que se complacieron en la injusticia.*
13 Pero estamos obligados a dar gracias siempre a Dios por ustedes, hermanos amados del Señor, porque Dios los escogió desde el principio para la salvación mediante la santificación del Espíritu y la fe en la verdad:
14 *A lo cual os llamó por nuestro evangelio, para alcanzar la gloria de nuestro Señor Jesucristo.*

Todo el poder es entregado en la mano de Cristo para que pueda dispensar ricos dones a su pueblo, impartiendo el invaluable regalo de su justicia a aquellos de nosotros que nos vemos como seres humanos indefensos, pecadores y dañados por el pecado, incapaces de alcanzar La justicia, el poder y la gloria de Cristo, en nosotros mismos. No sé para ti, pero para mí, *esas son buenas noticias, ¡y eso es lo que significa el evangelio!*

Estos ricos dones que Cristo nos da gratuitamente a nosotros como creyentes, es una fuente de asombro y admiración. Este regalo, la justicia de Cristo que nos envió desde el cielo, es el regalo que trae todos los demás regalos en su tren. El regalo que trae la victoria de la derrota, la alegría sobre la tristeza, la vida en lugar de la muerte. ¡Es el *regalo de Cristo* en ti la esperanza de gloria!

Y una vez más, *cualquier religión o sistema de adoración falso que lucha contra la soberanía de Dios le roba al pueblo de Dios esa gloria que se encuentra solo en Cristo.*

Sin embargo, Dios mismo ha prometido que la gloria de Cristo será restaurada en Su pueblo.

La oración del Señor Jesucristo lo expresa y lo promete.

Juan 17: 9,10
9 Yo ruego por ellos; no ruego por el mundo, sino por los que me diste; porque son tuyos.
10 Y todo lo mío es tuyo, y lo tuyo es mío; y me glorifico en ellos.

Apocalipsis 3:11,13
11 He aquí, vengo pronto; retén lo que tienes, para que nadie tome tu corona.
13 El que tiene oído, oiga lo que el Espíritu dice a las iglesias.

En su amor por la gente, nos ha dado una advertencia. Él no va a permitir que el pecado y un mundo maldito por el pecado con su falso sistema religioso continúen para siempre. Él lo llevará a un final seguro y nos dará un nuevo comienzo y un mundo completamente nuevo con el gobierno sobre Sus hombros. La Biblia lo llama la Nueva Tierra.

Isaías 65:21-25
21 Edificarán casas y las habitarán; plantarán viñas y comerán su fruto.
22 No edificarán, y otro habitará; no plantarán para que otro coma; porque como los días de un árbol son los días de mi pueblo, y mis escogidos disfrutarán mucho de la obra de sus manos.
23 No trabajarán en vano, ni darán a luz para angustia; porque son la simiente de los benditos del Señor, y su descendencia con ellos.
24 Y acontecerá que antes que llamen, responderé; y mientras todavía estén hablando, los oiré.
25 El lobo y el cordero pacerán juntos, y el león comerá paja como el becerro; y polvo será la carne de serpiente. No dañarán ni destruirán en todo mi santo monte, dice el Señor.

Isaías 66:22,23
22 Porque como los cielos y la tierra nueva que yo hago per-

manecerán delante de mí, dice Jehová, así permanecerá vuestra descendencia y vuestro nombre.

23 Y sucederá que, de una luna nueva a otra, *y de un sábado a otro*, toda carne vendrá a adorar delante de mí, dice el Señor.

El Señor en Su Palabra también enseña que este Viejo Mundo con sus sistemas religiosos corruptos se está derrumbando. *Porque el Señor, Él mismo lo derribará con un torbellino de devastación que la Biblia llama las siete últimas plagas (Apocalipsis 16). Pero antes de hacerlo, Él, en su gran amor por nosotros, nos hace saber para que no caigamos y suframos con eso.*

Apocalipsis 18:8 Por tanto, vendrán sus plagas en un día: muerte, duelo y hambre; y será quemada por completo con fuego, *porque fuerte es el Señor Dios, que la juzga.*

Hay muchos verdaderos y amorosos católicos, protestantes y cristianos creyentes en la Biblia sin denominaciones, o incluso aquellos que quizás adoran en sistemas religiosos paganos, sin embargo, nuestro Padre Celestial los ama a todos y tiene tierna consideración y simpatía por su ceguera espiritual que en gran medida ellos no son responsables. Pienso en la hermosa Madre Teresa. ¿Quién puede criticar a una mujer tan amorosa, bondadosa y santa? Y también el maravilloso hospital fundado por Danny Thomas. ¿Cuántos niños han sido bendecidos con la fundación del hospital Saint Jude?

Mi argumento no es con los hermosos hijos de Dios en ninguna denominación, sino con el sistema religioso falso del Vaticano, con su jerarquía corrupta. No la gente maravillosa y sincera de la Iglesia Católica, ni los protestantes sinceros pero engañados, ni el pueblo de Dios dondequiera que adoren.

Dios ama a todo su pueblo con mucha ternura, por eso llama a su pueblo a salir de este sistema caído de adoración.

Quiero dejar otra cosa muy clara. *Nadie ha recibido la marca de la bestia, quien asiste a iglesia con un culto dominical o pensando que están manteniendo el domingo sagrado, al adorar ese día. Nadie recibirá la marca de la bestia hasta que llegue el día en que* la adoración en domingo sea un mandato del poder legislativo del Congreso de los Estados Unidos, *que luego constituirá una fusión de la iglesia y el estado, que es la imagen de la bestia.*

La razón por la que las Escrituras nombran al Vaticano como el poder de la bestia es porque ella siempre ha sido una copulación de la iglesia y el estado, que la historia ha demostrado que persigue al pueblo de Dios.

Apocalipsis 14: 8,9,10

8 Y otro ángel le siguió, diciendo: Ha caído Babilonia, esa gran ciudad, porque ha hecho beber a todas las naciones del vino del furor de su fornicación.

9 Y el tercer ángel los siguió, diciendo a gran voz. *Si alguno adora a la bestia y su imagen*, y recibe su marca en su frente o en su mano.

10 El mismo beberá del *vino de la ira de Dios*, que es derramado sin mezcla en la copa de su indignación y será atormentado con fuego y azufre en presencia de los santos ángeles y en presencia de el cordero.

Apocalipsis 18:4 Y oí otra voz del cielo que decía: Salid de ella, pueblo mío, para que no seáis partícipes de sus pecados,
ni recibáis de sus plagas.

Sal, pero ¿a dónde? Como te dije antes, no soy miembro de ninguna denominación u organización eclesiástica, ni católica, protestante, evangélica, carismática, etc. Simplemente amo al Señor, Su pueblo y Su Palabra. Así que no estoy tocando el tambor, por así decirlo, por ninguna organización de la iglesia.

Fui llamado por el Señor y se me dio un mandato, con la comisión del evangelio, como muchos otros, para advertir a Sus seres especiales que lo aman, con el mensaje de amor de advertencia de Cristo, que un cruel engaño ha sido perpetrado en ellos por el enemigo de su bienestar eterno.

Este sistema religioso falso está diseñado para hacer que su pueblo lo olvide mientras todo el tiempo piensa que lo recuerdan.

Y como se compartió anteriormente, para robarle a Dios el poder y la gloria que le pertenece a Él y a Su pueblo, que les dio nuestro Señor Jesucristo.

Este sistema de adoración falso y engañoso será destruido antes de la segunda venida de Cristo y nuestro Padre Celestial y Su hermoso Hijo no quieren que Sus hijos sean destruidos con él. Por eso me ha dado a mí, junto a muchos otros, este mandato para advertir a sus hijos para que no pierdan su herencia eterna.

Así que de nuevo, te pregunto, ¿a dónde sales?

Sal de la falsedad a la verdad, del error a la iluminación, de la oscuridad a la luz, del sistema religioso de adoración falsa al verdadero sistema de adoración de las Escrituras, de la adoración del domingo a la adoración del sábado.

Puedes adorar al Señor del sábado en tu hogar, con un grupo de observadores del sábado del séptimo día. Puedes encontrar un grupo de personas que se reúnan el sábado en sus hogares o en otros lugares de reunión. O puedes encontrar una iglesia que guarde el sábado si lo deseas. Mi punto es que esto es entre tú y el Señor. Nadie puede dictar cómo o dónde vas a adorar al Rey de Reyes.

A pesar de los engaños y nuestra ceguera, todavía se nos llama pueblo de Dios: *amor maravilloso y Salvador compasivo y divino.*

Las Escrituras enseñan que las advertencias que Cristo nos da a todo el mundo se maravillarán y asombrarán de este falso sistema de adoración religiosa con todo su fascinante esplendor y circunstancia, grandeza procesional, alarde de poder obrador de milagros a través de los santos fallecidos, y por supuesto su poder e influencia política en todo el mundo.

Apocalipsis 13:3,8

3....**Y todo el mundo se maravilló en pos de la bestia.**

8 Y todos los moradores de la tierra lo adorarán, cuyos nombres no están escritos en el libro de la vida del Cordero inmolado desde la fundación del mundo.

El Señor Jesucristo nos ha advertido enfáticamente que no nos dejemos engañar por tales cosas.

Mateo 24:24,25 Porque se levantarán falsos Cristos y profetas, y harán grandes señales y prodigios; de tal modo que, si fuera posible, engañarían a los mismos elegidos.

25 He aquí, te lo he dicho antes.

Mateo 25:13 *Velad, pues,* porque no sabéis ni el día ni la hora en que vendrá el Hijo del Hombre.

Tener nuestra confianza en un sistema de adoración falso y en hombres que han cambiado la Ley del Cielo por las leyes del hombre nos pone en peligro y es una labor muy peligrosa.

Me atreveré a decir que, si nuestra nación se hubiera mantenido fiel a las Escrituras, la terrible tragedia del 11 de septiembre de 2001 nunca hubiera sucedido. Porque las Escrituras también enseñan que mientras el pueblo de Dios se mantuvo fiel a Su pacto, Él los protegió y los libró de sus enemigos. Es a través de su ley y su pacto que protege a su pueblo.

Salmos 91:4 El te cubrirá con sus plumas, y debajo de sus alas estarás seguro; *su verdad será tu escudo y tu adal.*
Salmo 119:145-151
145 Lloré con todo mi corazón; escúchame, Señor; Tus estatutos guardaré.
146 A ti clamé; sálvame, y guardaré tus testimonios.
147 Impedí el amanecer de la mañana y lloré: Esperaba en tu palabra.
148 Mis ojos previenen las vigilias nocturnas, Para meditar en tu palabra.
149 Oye mi voz según tu misericordia: Señor, vivifícame según tu juicio.
150 Se acercan los que siguen el mal; se alejan de tu ley.
151 Cercano estás tú, oh, Jehová; y todos tus mandamientos son verdad.
(Incluido el cuarto)
Gracias a ti, *oh, Señor, y a tu amor y cuidado protector*, no tendré miedo, oro en el nombre de Jesús.

Salmo 91:5-7
5 No temerás el terror de la noche; ni por la flecha que vuela de día, ni por los aeroplanos que vuelan de día,
6 ni por la pestilencia que ande en tinieblas; (terrorismo,

guerra biológica, Covid-19, o ataques químicos, ataques nucleares o bombas sucias) ni por la destrucción que desperdicia al mediodía.
7 Mil caerán a tu lado, y diez mil a tu diestra; *pero no se te acercarán.*

Por lo tanto, debido a Su amor y cuidado protector, que Él hizo posible al derramar amorosamente Su sangre, y debido al gran amor que Cristo ha mostrado, no puedo soportar la idea de estar separado de Él. Elijo amar y seguir a Aquel de quien hablan las Escrituras. ¿Y tu?

Hechos 3:22,23
22 Porque Moisés verdaderamente dijo a los padres: Un profeta (Cristo Jesús) os levantará el Señor vuestro Dios de entre vuestros hermanos, como yo; A él oiréis en todas las cosas que os diga.
23 Y sucederá que toda alma que no escuche al Profeta será destruida de entre el pueblo.

He intentado responder a la pregunta planteada en el primer párrafo de este libro que he escrito. "¿Por qué Dios no actúa antes en nombre de aquellos que sufren enfermedades mentales, trastornos mentales y cualquier otra persona que se encuentra en situaciones que no comprenden o que son demasiado difíciles de superar para ellos mismos?"

Lo resumiría de esta manera. No es culpa de Dios. El ha vertido todo el cielo en ese único regalo de Jesucristo, que vino a liberar a los cautivos. Echa tu alma indefensa sobre Jesucristo y cree que Él te ayudará. Confía en Él porque Él es digno de confianza. Como dice la pequeña canción: "Confía y obedece porque no hay otra manera de ser feliz en Jesús, solo confía y obedece".

Bíblica e históricamente he intentado mostrar que es porque la humanidad con sus falsos sistemas religiosos le ha robado a la Palabra de Dios su poder al luchar contra Su Majestuosa Soberanía; hacer que aquellos que están depositando su confianza en sus líderes religiosos, en un sistema religioso falso y corrompido, se preocupen por los mejores intereses de sus seguidores. Cuando en realidad los están engañando, desorientando y despojándolos de la gloria y el poder de la Palabra de Dios que les fue dada gratuitamente en Cristo Jesús.

Por eso, muchos de nosotros somos víctimas del poder de Satanás que solo encuentra satisfacción en infligir dolor y sufrimiento a la humanidad en forma de enfermedades mentales, muertes sin sentido, asesinatos, abusadores de niños, agresores sexuales, etc. En resumen, cada trágico evento informado en las noticias por cable las veinticuatro horas.

Muchos de nosotros, sin saberlo, nos hemos entregado en manos de nuestro enemigo (Satanás) y le hemos dado el derecho absoluto de oprimirnos y afligirnos. Es por eso por lo que la preparación de la transformación guardando los mandamientos de Dios por el Cristo que mora en nosotros y por Su poder no es una opción. Es vital y constituye parte del evangelio eterno.

Apocalipsis 14:6-7

6 Y vi a otro ángel volar en medio del cielo, con el evangelio eterno para predicarlo a los habitantes de la tierra, a toda nación, tribu, lengua y pueblo.

7 diciendo a gran voz: Teme a Dios y dale gloria; porque ha llegado la hora de su juicio; adorad al que hizo los cielos y la tierra, el mar y las fuentes de las aguas.

Por lo tanto:

• Estoy determinado por la gracia y el amor de Dios a tener el sello de Dios en mi frente y el nombre de Su Padre escrito en mi corazón.

• Estoy determinado por la gracia de Dios a ser como el peregrino cristiano de John Bunyan cuando se me solicite su certificado a las puertas de la Ciudad Celestial, se lo podré mostrar al guardián angelical. Sellado con el sello de Dios con el nombre del Padre de Cristo y la Nueva Jerusalén escrita en mi corazón.

• Estoy determinado por la gracia de Dios a guardar la santa Ley de Cristo y los mandamientos que Él ha escrito en las tablas de mi corazón en la experiencia del Nuevo Pacto, incluido el cuarto, que me ordena honrar Su séptimo sábado.

- Estoy decidido por la gracia de Dios a obtener una preparación para la transformación para honrar a Jesucristo en la Cena de las Bodas del Cordero.
- *Por la gracia de Dios, estoy decidido a escuchar el mensaje de los tres ángeles.*
- Por la gracia de Dios, estoy decidido a no alinearme con un sistema de adoración falso que lucha contra la soberanía del Dios Todopoderoso.
- Por la gracia de Dios estoy decidido a ser una de esas voces que claman en el desierto: "El reino de los cielos se ha acercado; endereza el camino del Señor, haz una calzada para nuestro Dios".
- Por la gracia de Dios, estoy decidido a enfrentar la religión falsa del Vaticano y los líderes protestantes apóstatas que mantienen al pueblo de Dios en esclavitud con falsas doctrinas que desafían la soberanía del Señor.
- Estoy decidido por la gracia a lanzar el desafío de Cristo a los líderes de la Iglesia que mantienen a los hijos de Dios atados a esta tierra con sus pecados, sufrimiento y dolor, con su sistema religioso falso y erróneo, que batalla contra la soberanía del Dios y el gobierno del cielo. dice el Señor, a su pueblo "Venid a mí para que no recibáis de sus plagas.
- Estoy decidido por la gracia soberana de Dios Todopoderoso a la escritura y publicación de este libro, y a testificar que por fe en visión vi la venida de un ángel que descendía del cielo. Estaba revestido de poder celestial. Viene a la tierra. Sólo los espiritualmente muertos, sí, incluso los dos veces muertos y arrancados de raíz, no reconocerían su presencia. La luz parpadea en todas partes. Los lugares oscuros están iluminados. Emite su voz en tonos atronadores.

*Babilonia la grande ha caído,
ha caído y se ha convertido en*

La Morada de los Demonios.

*Y lo vencieron por la sangre del cordero y
la palabra de su testimonio; y no amaron su vida hasta la muerte.*
Apocalipsis 12:11

RECONOCIMIENTO Y RESEÑA

Reseña de "The Pacific Book"

La Morada de los Demonios: Por qué Dios No Actúa se lee como una memoria. El autor Dan R. Overfield escribe sobre su vida, su historia familiar, los altibajos de la vida, la superación de los desafíos, el aprendizaje y el desaprendizaje, de ser un creyente; todo mientras cuenta cómo trata de vivir con rectitud. Disfruté leyendo a Dan R. Overfield como autor por lo auténtico que es su estilo de escritura. Al hojear este libro, uno se da cuenta de que el autor no fuerza nada, ya que todo el contenido de su libro fluye naturalmente. El lector se siente como si fuera parte del viaje del autor y sus experiencias.

La Morada de los Demonios: Por qué Dios No Actúa es apropiado para una amplia audiencia de lectores y, en particular, es un libro que todo lector que se encuentre en cualquier forma de desesperación debería leer. El autor asegura a uno el amor de Dios, habla de vivir con imperfecciones y esperar el momento adecuado. Este libro hará que los lectores sean más espirituales y aprenderán más acerca de Dios y de sí mismos como hijos de Dios.

Una Apreciación Personal

Quiero extender un agradecimiento personal y cordial a todos los miembros y personal del equipo de AEGA sin los cuales, sin su profesionalismo y conocimientos especializados, mi testimonio en la forma de este libro no hubiera sido posible. Que nuestro Señor envíe lluvias de bendiciones y mucho éxito a AEGA Design Publishing Ltd.